中国人日本語学習者による
疑問文イントネーションに関する
音響音声学的研究

中国日语学习者
疑问句语调实验研究

高淑娟　著

吉林大学出版社
·长春·

图书在版编目（CIP）数据

中国日语学习者疑问句语调实验研究 / 高淑娟著 .—
长春 : 吉林大学出版社 , 2019.9
　ISBN 978-7-5692-5603-1

　Ⅰ . ①中… Ⅱ . ①高… Ⅲ . ①日语 – 疑问 (语法) – 研
究 Ⅳ . ① H364.3

中国版本图书馆 CIP 数据核字 (2019) 第 206565 号

书　　名	中国日语学习者疑问句语调实验研究
	ZHONGGUO RIYU XUEXIZHE YIWENJU YUDIAO SHIYAN YANJIU
作　　者	高淑娟　著
策划编辑	李承章
责任编辑	安　斌
责任校对	赵　莹
装帧设计	云思博雅
出版发行	吉林大学出版社
社　　址	长春市人民大街 4059 号
邮政编码	130021
发行电话	0431-89580028/29/21
网　　址	http://www.jlup.com.cn
电子邮箱	jdcbs@jlu.edu.cn
印　　刷	三河市三佳印刷装订有限公司
开　　本	880 mm × 1230 mm　　1/32
印　　张	6.5
字　　数	160 千字
版　　次	2019 年 9 月第 1 版
印　　次	2021 年 7 月第 2 次
书　　号	ISBN 978-7-5692-5603-1
定　　价	58.00 元

摘　要

语调是语音研究中的重要课题。对中国日语学习者来说日语语调的习得相对比较困难，而目前国内外的研究多集中在对日语疑问句语调的种类、功能以及对语句内部音高曲拱的描述上，尚未发现全面研究含疑问、反问、确认、怀疑语气的日语疑问句语调的成果。本书使用语音学的声学分析手段，运用对比分析法和统计学的研究方法，首先从音高曲线图、调域、时长等音高层面的角度观察中国学习者在习得"疑问""反问""确认""怀疑"四种语气的日语疑问句语调时出现的偏误现象，归纳其语调特征，探讨中国学习者与日语母语话者之间存在的差异。其次在第二语言习得理论的基础上探寻汉语的韵律特征对学习者的日语疑问句习得造成的影响，分析偏误产生的原因，并根据研究结果对中国的语音教学提出建议。

本书共分为 7 章。其中主体部分为 4 章。以下为各章得出的主要观点和分析结果。

通过对日语疑问句的全句、句首、句尾语调的音域及时长的分析，发现日本母语话者疑问句「これいる？」和「これみる？」在全句和句末的音域及时长上的方差数据存在显著差异，但句首语调的音域和时长并未发现差异。而对中国日语学习者在全句、句首、句尾的音域与时长上均未检测出差异，可见全句和句尾的音域和时长是日本人母语话者区分日语疑问句语调的主要因素，而对中国学习者辨别语调无效。

对日本人母语话者与中国学习者同一语调分别进行对比分析，实施 t 检验后发现全句、句尾音域、句尾时长上两句疑问句均有差异，尤其疑问和怀疑两种语气的语调上母语话者与学习者之间的差异最为显著，而全句时长无显著差异。因此，可以推断出全句和句尾的音域和句尾的时长可以用于区分母语话者与学习者的同一语调。

对中国母语话者汉语疑问句语调进行分析后得出的结论：疑问句「这个你要？」的全句、句首、句尾音域上四种语调之间的差异很小，「这个你买？」的疑问与确认语气的语调之间差异显著。句首音域上两句均未检测出显著差异。时长方面，四种语调之间差异较小。全句、句尾的音域和时长可以区分疑问与确认、反问与确认、确认与怀疑。全句时长可以区分疑问和确认、反问和确认，确认和怀疑，但句尾时长仅能区分疑问和反问，反问和确认。因此，辨别汉语疑问句语调时句尾音域和全句时长可以优先考虑。

通过对汉语的韵律特征分析，首先，发现中国学习者在习得日语疑问句时出现的全句和句尾的音域较日本母语话者窄，句尾上升幅度小以及四种语调之间音域和时长的数值差异偏小等问题。其次，学习者在习得日语疑问句语调过程中，采用和辨别汉语疑问句语调相同的声学相关物进行语调的区分。最后，探究出现以上现象的原因，可以推断出这是由中国人日语学习者受母语的影响，进行类推所产生的偏误现象，其根源在于缺乏专业的语音语调指导，没有针对性和实用性强的教材以及良好的学习语境。

母语的迁移对第二语言习得的影响很大。从本书的结论可以看出中国日语学习者习得日语疑问句语调时，母语的迁移非常显著。

要　旨

　　イントネーションは音声研究における重要な課題である。中国人学習者にとって、日本語イントネーションの習得は難しい。これまで、日本語イントネーションに関する国内外の研究は主に疑問文イントネーションの種類、機能及びピッチ曲線の記述が主で、疑問、反問、確認、疑いというモダリティを表す疑問文イントネーションについての研究は見当たらない。本書は、実験音声学的手段を使い、対照分析法という統計学的な研究方法を用い、「質問」、「反問」、「確認」、「疑い」という意味を表す四つの疑問文イントネーションを課題に、中国人学習者の日本語疑問文のイントネーションの特徴を観察し、学習者が母語話者とどのような相違点があるかとその原因について、究明するために、ピッチ曲線、音域、持続時間などの音声学的要素から詳細な分析を行った。また、第二言語習得の理論に基づいて、中国人日本語学習者による中国語疑問文イントネーションの特徴を解明した上で、母方言の韻律的特徴、疑問文イントネーションの特性が日本語疑問文イントネーションの習得に影響を与えるかどうかを考察した。さらに、問題がある場合その原因についても考察を試みた。最後に、今後の音声教育をどう改善すればいいかについて、自分の意見を述べた。

　　本書は七つの章から構成され、各章から次のような実験結果が得られた。

1. 日本人母語話者による疑問文「これいる？」と「これみる？」では、全文、文末の音域と持続時間には f 検定で顕著な有意差が検出されたが、文頭の音域と持続時間は有意差が見られなかった。一方、中国人学習者の場合、全文、文頭、文末の音域と持続時間においては、四つのイントネーションの間には差があるが、f 検定の結果では有意差が検出されなかった。この結果から、全文、文末の音域と全文と文末の持続時間は日本人母語話者にとって、四つのイントネーションの区別に有効な音響的特性であるが、中国人学習者にとって有効であることが認められない。

2. 日本人母語話者と学習者によるイントネーションに対して、同一文におけるイントネーションに対して t 検定を行った結果、全文、文末の音域、文末の持続時間には「これいる？」も「これみる？」も有意差が観察されたが、全文の持続時間には有意差が検出されなかった。質問と疑いのイントネーションにおいては、母語話者と学習者との有意差が顕著であることも発見した。換言すれば、全文の音域、文末の音域、と文末の持続時間は学習者と母語話者による質問、疑いの弁別に優先的に関与する音響的要因であったが、全文の持続時間は母語話者と学習者のイントネーションを区別するのに有効な音響的特性ではない。

3. 中国人母語話者による中国語疑問文イントネーションについては、疑問文「这个你要？」では、全文、文頭、文末の音域は四つのイントネーションの間の差が小さい。「这个你买？」においては、全文と文末の音域は確認と疑いとの差が大きい。文頭の音域では、「这个你要？」も「这个你买？」も顕著な有意差が検出されなかった。持続時間では、四つのイントネーションの間には差が小さい。f 検定の結果から、「这个你买？」では、文末の持続時間、音域と全文

の持続時間がそのイントネーションの区別において、有効に関与することが示唆された。「这个你要?」の場合、全文と文末の音域、全文、文末の持続時間はイントネーションを弁別する際に用いる音響的特性であるが、文末の音域と全文の持続時間は優先的に考える要因となることが分かった。

　4. 学習者の母語である中国語の韻律特徴への考察を通して、中国人学習者における全文と文末の音域は母語話者より狭く、文末上昇ぶりは母語話者ほど激しくなく、四つのイントネーションの音域と持続時間の差が小さいことを発見した。また、学習者が日本語疑問文イントネーションを習得する過程において、同様に中国語疑問文イントネーションの弁別手がかりを用いてイントネーションを区別する。これは母語の影響を受け、学習者が類推して犯したエラーである。その原因を探ると、専門的な音声指導、有効な教材及び日本語の学習環境の不足に関わることが解明された。

　　母語の転移は第二言語習得に大きく影響を及ぼしている。本研究では、中国人学習者の疑問文イントネーションの習得において、母語の転移が極めて顕著である。

目 录

第1章　序論

　　近年、中国では、日本語が英語に次いでよく使われている外国語となり、急速に世界中に普及するとともに、各大学は日本語科を次々と設置した故に、国内での日本語学習者の人数は大幅に増加した。一方、日本語教育の現場において、従来、日本語学の研究に従事している教師は、学生の聞く、話す、読む、書くという四つの能力を育てることを主な学習目標として、文法、語彙などの分野に重点をおいて、日本語の音声教育を軽く取り扱う傾向が強かった。学習者は発音の段階では、教科書や日本語教師の発音を聞いて、真似することが中心で、アクセント、イントネーション、プロミネンス、ポーズといった韻律に関する音声指導を受けていない。結果として学習者が身につける日本語の発音は、中国語訛りの日本語となってしまった。そのようなイントネーションの違いが、日本語によるコミュニケーション上の不便や誤解を生む事例が多い。したがって、今後、プロソディー教育に力を入れるべきであろう。

　　イントネーションは言語の韻律・プロソディーの一要素（井上、1997）。文の意味に関与し、聞き手に、話し手の発話意図や感情を伝達する重要な手段である。日本語で発話する際には、文法、語彙などが正しくても、イントネーションの誤用によって、相手に誤解を招くこともある。日本人母語話者にとっても難しい学習項目であるからこそ、外国人学習者がイントネーションの実態を把握するの

はかなり困難なことだと思う。しかしながら、音声教育が重視され
ていなく、イントネーションなどの音声学の知識を持つ教師もごく
少ないのが中国における日本語教育の現状である。そのため、音響
音声学的手段による実践的な音声研究に基づいて、学習者に特化し
た効率的な音調指導法、学習法を求め、中国の日本語教育をより一
層の飛躍をもたらさなくてはいけない。

　本研究は日本語の会話によく使われる疑問文のイントネーショ
ンを取り上げて、考察の対象とする。音響音声学的な分析に基づい
て、中国人学習者と母語話者の疑問文イントネーションの特徴およ
びその相違点を考察し、さらにその要因も究明したい。

　第 1 章の序論では、本研究の背景、目的、意義および論文の構
成と概要について述べる。

1.1本研究の背景

　本研究の研究背景は、1）中国における日本語教育の現状、2）
日本語音声教育をめぐる諸相、3）中国人学習者による日本語音声
問題点について述べる。

1.1.1中国における日本語教育の現状

　ここ数年、中日の交流が頻繁になり、日本企業が中国に進出する
につれて、中国における日本語学習者がますます増えている。中国の
大学には日本語学科が多く新設され、日本語を専攻する学習者および
第二外国語として勉強する学生の人数が急増した。日本語学習者が急
速に増加するとともに、日本語教師、日本語教育機関数も増えた。

　国際交流基金は 1972 年成立されて以来、数年おきに「日本語
教育機関調査」を実施しておる。調査後、「海外の日本語教育機関
調査」結果（速報）という報告書にまとめて、発行する。2012 年

度日本語教育機関調査では、2009 年調査時と比較して、日本語教育機関数、教師数、学習者数のすべてにおいて、大きく増加したことが分かる。（機関数 1,800、1909 年比 5.4％増。教師数 16,752 人、1909 年比 7.3％増）、学習者数は 1,046,490 人（09 年から 219,319 人、26.5％増）と 100 万人の大台を超え全世界で第 1 位となった。その詳細は表 1-1 のとおりである。

表 1-1 　2012 年中国の日本語教育機関数・教師数・学習者数

機関数	教師数	学習者数				
		初等教育	中等教育	高等教育	学校教育以外	合計
1,800	16,752	3,111	89,182	679,336	274,861	1,046,490
		0.3％	8.5％	64.9％	26.3％	100％

国際交流基金（2012）より [1]

　表 1.1 から見て、中国の日本語学習者数は約 105 万人で、高等教育の学習者数が一番多く、全体の 64.9％をしめ、初等教育の学習者数がわかずであることが分かった。これは中国における日本語教育の特徴の一つと言えよう。

表 1-2 　中国の初・中等と高等教育機間の学習者数

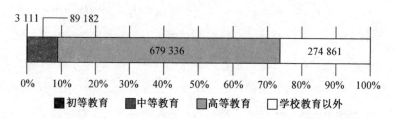

国際交流基金（2012）より

---

① 　国際交流基金 　http://www.jpf.go.jp

　表 1-2 に示されるように、中国の日本語教育は、概ね、大学に
おける日本語教育（高等教育）と、小学校・中学校・高校における日
本語教育（初等中等教育）と社会人向けの日本語教室（学校教育以外）
という三つの教育形式がある。その中に、高等教育における学習者
数が一番多く、さらに大きく分けると、日本語専攻、　非専攻第一
外国語、非専攻第二外国語に分類される。初等教育はわずか3％で、
遼寧省や黒龍江省の一部の学校で実験校として日本語教育が行われ
ている。中等教育は少数をしめ、大体東北三省（黒龍江省、吉林、
遼寧）と内モンゴル自治区に集中している。学校教育以外は各種の
一般成人向けの日本語クラスによる日本語教育のことを指し、その
学習者数は二番目に多く、前年度の調査と比べ、その人数が伸びて
いることが分かった。高等教育機関数、教師数、学習者数が増加す
るとともに、著しく発展している新しい時代と多様化した社会の需
要に応える日本語人材を養成することは中国における日本語教育に
任された重大な任務となった。

　ところで、中国語を母語とする日本語学習者に対する日本語教
育は今までは、語彙、文法を中心に、日本語音声知識の学習は重ん
じられていない。そのため、学生の暗誦能力と記憶能力は優れてい
るが、聴取、発話などの会話能力が不十分である。従って、これま
での教育理念と養成目標をどのように改善すればよいか、今の情報
化社会に適応するためのコミュニケーション能力を如何に養うかは
大学に従事している日本語教師である私たちが考えなければならな
い課題であろう。本書は、中国の大学で日本語を勉強する学習者を
対象にする研究である。この研究を通して、日本語教育にささやか
な貢献できればと思う。

1.1.2 日本語音声教育の現状

　従来の日本語音声教育においては、教室内で教師が学習者に対し、対面で発音指導をするという印象が持たれている。また、その指導法も教師がモデル音声を与え、学習者がリピートするという方法が一般的であるように思われる（戸田，2014）。しかし、モデル音声を示したり，発音のしかたを何らかの方法で説明したりしても正しい音声が習得されないことが多いものである。このような音声教授法で日本語音声教育を実践する過程には多くの問題が含まれている。

　谷口（1991）が現場での音声教育は教師個人の裁量に任されており、計画性もあまりないことを指摘してから20年近くを経てなお、同様の指摘がなされている（小河原・河野 2002，ほか）。また、教師が音声を指導しない理由については、谷口（1991）のアンケート調査の結果には、「時間がない」「音声知識がない」「指導法がわからない」などが挙げられることが多い。（小河原・河野，2002）の調査から、「音声教育のための訓練をうけていない」、「教え方が分からない」などの回答が見られた。そして、教師が音声教育を日本語教育の中でどのように扱っているかについて、轟木・山下（2009）は日本語教師58名に対して質問紙調査を行った。その結果から、発音を集中的にあるいは体系的に教えることはあまりないことが分かった。さらに、教師が授業中に一度でも教えたことがある音声項目について調査したところ、発音を集中して教える経験は教師には少なく、また教えた経験があるとしても項目に偏りが見られるという。すなわち、音声に関する様々な項目を集中的・体系的に扱ったことがある教師は少なく、多くは普段の授業中に学習者が発する不自然な音声表現に対して個別具体的に指摘あるいは指導

を行っていると言える。また、「意味が通じればいい」ので音声教育は重要ではないと考える教師もいる（土岐，2010）。日本語学研究に従事している教師の間には、音声教育への認識の差は大きいことが見られた。

　一方、学習者側からも、初級段階では、発音指導の授業時間数は大体一ヶ月、そのあと、音声教育に関する授業はほとんどなく、発音練習の機会も少ないことや音声母語の転移による影響が大きいため、日本語の発音が不自然になり、中級に入っても、その発音上の偏りはなかなか直らないことやアクセント、イントネーションなどプロソディーの誤用で言いたいことが相手にうまく伝わらないというような声も聞かれる。

　この音声教育の現状を改善するには、限られた音声指導の時間をどのように有効に活用するかについて、「日本語音韻の体系的な習得を促し、発音に対する意識や関心を高め、リソースを活用でき、継続的に声に出して練習ができるようになるきっかけを、日々の限られた授業内に、教師も学習者も扱いやすい動機づけを高める活動としてちりばめていかなければならない。」（須藤，2013）と提案した。これは学習者が教室内だけでなく、教室外でも発音練習できるような学習環境を作り、学習者の自律学習と学習意欲を促すことの重要性を示唆した。

1.1.2.1 中国における日本語音声教育の現状

　中国国内の大学における日本語教育は「教学大綱」と「教学要求」に沿って、授業科目や教育内容などを定め、教育を行っている。最新の「教学大綱」と「教学要求」を概観してみると、基礎段階では、基本的な言語（音声、文字、語彙、文法等）と言語技能（聞く、話す、読む、書くなど）の訓練が中心になっている。音声は文法、

読解、聴解、漢字等と共に学習対象になるものである（小河, 2009）と同時に会話において顕著に現れるものである。音声教育は学習者がアクセント、イントネーション、プロミネンスを把握し、日常会話では、正確にそれを使い、自分の思うことや感情などを正しく伝えられることを目標としている（教育部高等学校外国語専業教学指導委員会日本語組, 2001）。しかし、実際に音声教育を実践する過程においては、一つ一つの音素の発音を真似て、学習していくのが一般的な形態であった。教室での学習者の発話に現れる不適切な発音に対する指摘や指導が主で，授業で音声を主に扱うとしても，内容に偏りがあるという傾向が見られる。そのため、現状のままでは、発音学習に成功した学習者に見られるような意識を養うきっかけが不十分となるおそれがある（須藤, 2013）。そして、日本語教育機関におけるカリキュラム上、日本語音声に特化した科目は極めて少なく、音声教育に重点が置かれていなかった。劉（2004a）は中国（上海）の大学での日本語音声教育について、調査を行った。その結果は「文法や語彙と比べて遅れてはいるが、近年、日本語音声教育は重視されるようになってきている。しかし、発音の指導期間が短い、教材が不備で、教授法が適切でない、音声教育の内容が限られているなどの問題が存在しており、まだ十分とは言えない」という。また、中国の日本語教育における教室指導については、アクセント指導は散発的で、単語ごとのアクセントを意識化する活動等も少なく、学習者が体系的にアクセントに触れる指導を行っている機関は少ないと言われている（阿部, 2016）。音声を中心とした指導がほとんど行われていないのが現状で、多くの CS（学習者）が教室指導に求めている「もっと自然な発音で話したい」という学習ニーズが満たされないままだと言える（趙, 2012）。だからこそ、このような

現状に対応するために、教員が学習の初期段階から積極的に音声に関する学習者の意識を高め、学習者が達成感を得る音声教育を提供する必要がある。

1.1.2.2 中国人学習者による日本語音声問題点

中国語を母国語とする日本語学習者の数は年々増え続けている。日本語と中国語は同じ漢字文化圏であることから、発音が違っても、中国人学習者が日本語を勉強し始めたとき、日本語は難しくないと思い込んでいる。しかし、少し学習を重ねると、日本語は勉強すればするほど難しくなるという実感を持つ学習者は多い。「言語習得研究において、母語の影響がもっともに現れる領域が音声習得である」（戸田，2008）。近年、日本語音声の習得に関する研究成果が数多く、報告されてきた。中国人学習者の日本語音声問題点については、主に、単音、拍、アクセント、イントネーションという四つの面から研究が行われた。

1）単音に関しては、まず、母音では、[e] を中国語の [ei]、[o] を [ao] で発音し、二重母音的になりやすい。（蔡，1986；張，2014）。ウを円唇化した [u] で発音し、ユを iou と発音するので、ヨに聞こえ、撥音を含め［ユ ヨ］の区別が難しい（張，2014）。「ウ」、「オ」、「エ」の発音は中国人学習者と日本人母語話者の発話で大きく異なる（寺田，2015）。日本語の母音の中で、「エ」の発音、聞き取りともに最も難しい（坂本，2003）。また、母音の無声化も問題になっている（何，2006；張，2014）。

子音の場合、まず、清濁混同の問題については、（水谷，1974；蔡，1976；林，1981；杉藤·神田，1987；朱，1994；楊，2007）などの研究がある。清濁が音の違い、具体的には声帯の振動の有無による違いに由来すること、その違いは中国母語話者には認識の難しいもの

である（坂本，2003）。それから、両唇音の調音は、中国語では、両唇による閉鎖が非常に強く、口腔の気圧も高いのに対し、日本語では両唇の閉鎖の力が非常に弱く、口腔の気圧も低い（朱新建，1995）。また、南方出身学生に「ナ」行と「ラ」行の混同がある（坂本，2003；李・村島，2002；楊，2007）。

　　2）拍に関しては、長音、促音、撥音といった特殊拍の問題は戸田（1998a、2003）などで扱われている。長音、促音、撥音の長さが不足しがち（張，2015）。特殊拍はどの学習者でも問題になるところではあるが、特に中国母語話者の場合、撥音に問題がある（坂本，2003）。また、特殊拍が有声・無声の知覚に影響を与えることが実証された（劉，2011）。

　　3）アクセントに関しては、主に中国語母語話者を対象にし、東京語アクセントに関する習得研究である。その中に、中国標準語の四声が東京語アクセントの習得に及ぼした影響を考察したものは（鮎澤，1995、1997、1998）、長友他（1993）、戸田（1999）などの研究がある。母語の影響で、平板型アクセントの維持が難しく、ピッチの変動が激しい（蔡，1983；楊，1993；橋本，1995；尤，2002；馬，2005）。日本語の2音節から、4音節までの単語と複合名詞の場合、いずれも最後の音節を低く読むという特徴がみられる（蔡，1983）。さらに、中国日本語学習者のアクセント傾向が平板化へ変わられた（蔡，2009）。

　　4）イントネーションに関しては、中国人学習者によるイントネーションについての研究（陳，1992；楊，1993；福岡，1997；姚，2006）には、主に韻律における母語の干渉の傾向が明らかにされている。また、日本語疑問文イントネーションに関する研究の中には、学習者の習得研究についての研究は鮎澤（1993）、鮎澤（1993a、b、c）、

荒井 (1995)、土岐哲・金秀芝 (1997)、鮎澤 (1999、2001) などがある。土岐 (1989) は、中国語話者は日本語の上昇イントネーションを比較的習得しやすく、全体的パターンが日本人に近いが、上昇が緩やかで、上昇幅が狭いとしている。イントネーションについては、第2章でさらに詳しく論じる。

　以上の先行研究の成果より、中国人学習者による日本語音声問題は以下の点が多く指摘されている。1) 有声・無声破裂音の混同、2) 特殊拍の問題、（例えば、「長音、促音、撥音の長さが不足しがち」など）、3) アクセントの問題（例えば、「アクセントは高低の幅が大きい」など）、4) イントネーションの問題（例えば、「全体として抑揚が激しく、日本語的自然下降が実現しにくい」など）。

1.2本書の研究内容と研究対象

　先行研究から、中国語話者は声調の干渉から、日本語のイントネーションの習得が困難である（陳，1992）。しかし、第二言語としての日本語の習得研究において、イントネーションに関する研究の中では、土岐（1990）が中国人・韓国人・アメリカ人学習者による日本語のイントネーションとプロミネンスに関する分析を行った。また、中国人（陳，1992；楊，1993；福岡，1997；姚，2006）、韓国人（閔，1990、1996；谷口，1993）、フランス人（中川・中川，1993；代田，1997）、ドイツ人（林ほか，1997）、インドネシア人（新田，1992）、モンゴル人（土屋，1991；土屋・土屋，1991、1993）、ベトナム人（轟木，1993）などを対象にした先行研究がある。これらの先行研究では、主に韻律における母語干渉の傾向が明らかにされている。疑問文イントネーションに関する研究は鮎澤（1993）、鮎澤（1993a、b、c）、荒井（1995）、土岐哲・金秀芝（1997）、鮎澤（1999、

2001)、邱（2004）などがある。音響音声学的な手段を使い、学習者による日本語疑問文の習得に関する研究は邱（2004）以外に、見つからない。邱（2004）から日本語を習得する過程においては、学習者は母方言の影響を多少受けていて、疑問文の文末上昇調を習得し、疑問という発話意図は表現出来ているが、母語話者のような適切な疑問型上昇調を習得できるとはいえないことが分かる。また、アクセント型は疑問文イントネーションの習得に影響を与えたということも示唆された。しかし、これらの研究は主に「疑問」という発話意図を表現する疑問文イントネーションに注目して学習者の習得状況を考察しただけである。「疑問」以外に、「疑い」、「反問」などの意味を表す疑問文のイントネーションの習得状況はどうであるかはまだ分からない。イントネーションによって疑問文は「質問」以外に、「確認要求」などのような意図を表すこともできる。本研究は疑問文の「質問」、「確認」、「反問」、「疑い」という四つの表現意図のイントネーションを対象にして、実験音声学角度から、中国人学習者の習得状況を考察したい。

　本研究は日本語疑問文の種類に立ち入らず、ただその中から、日常会話でよく使われる四つの意図を表す疑問文のイントネーションを取り上げ、それについて考察する。日本語の疑問文は文末に終助詞がついているのと、ついていない疑問表現があるが、本研究は終助詞がついている疑問文はその表現意図が限れていることを考えて、それを考察の対象にしないことにする。終助詞がついていない簡単な会話文を発話資料として、平叙文と対照しながら、学習者による日本語疑問文イントネーションの習得特徴を解明し、母方言中国語の韻律特徴との関係にも明らかにしたい。

1.3本書の研究方法

　　第二言語習得研究の方法は記述研究と理論研究という区分以外に、中味の内容を分析するか、数量的な内容を分析するかという点で、質的研究と量的研究という分類がある（迫田，2002）。

　　質的研究はケース・スタディーという事例研究の方法で、多くはありのままの状態を観察し、資料を収集していく。量的研究というのは、多量の資料収集を行い、多くの場合はその資料に基づいて、統計分析し、結果を一般化する。本書は後者に属するもので、中国人学習者を対象に音響音声学的実験を行い、その実験から得たデータを統計処理し、学習者による日本語疑問文イントネーションの習得特徴について考察する。被験者の数については、統計学的にいうと、いくつのサンプルを集め、それを何かしらの傾向があるかどうかという仮説を検証するために統計学的検定を行って、仮設が否定されるかされないかを調べる中で、どの検定方法を使うかで、最低限必要なサンプル数というのがある。統計学では、一般的に30人の標本数が望ましいが、本研究にとって、限られた時間と経済事由、研究地域の状況で困難な状況である。今までの音声研究から見ると、音声実験に用いられた被験者の数はそれぞれ違う。一人から、何十人のもある。すなわち、被験者の数に拘らず、集めたサンプルを何か基準とすべき別のサンプルと比べる検定をして、基準のサンプルと統計上有意差を出すのに必要なサンプル数は、比べる検定手法により計算できる。それで、本書では、実験に選定された被験者数の最低限を5人とする。

　　本研究ではインフォーマントとして母語話者8名、学習者12名（大学二年生、学習時間二年半以上）合計20名である。被験者を選定する際、母語話者の場合、東京方言の対照モデル音声を作成

するために、「日常生活で東京方言を母語とするあるいは標準語を
うまくできること」を選定条件になっている。

　学習者の場合、他の方言に影響される可能性を排除するために、
以下の三つの条件を前提とする。

　1) 三世代中国北方生まれ北方育ちであること。

　2) 幼少時、特に言語形成期には、引越しなどの移動歴がない
こと。

　3) 日常生活では、基本的に中国北方方言を母方言とすること。

1.4本書の研究目的

　韻律は上級の学習者になっても習得が難しく（鮎澤，2003；戸
田，2003；Shibata , 2005)、学習者が自分で学習し続けなければ
いけない項目でもある。しかし学習者が自分でその不適切さに気づ
きにくい項目でもあり（河野，2009）。近年、日本語音声教育が重
視されているとともに、分節音だけでなく、超文節いわゆるプロソ
ディー、特にイントネーションに関する研究も増えてきたが、習得
研究という観点からのイントネーション研究もまだ少ないようであ
る。中国人学習者にとって、日本語イントネーションの習得は困難
だとされている。筆者は日本語を教えているうちに、学生が疑問文
を上昇調で発音する傾向が見られた。イントネーションの各種類の
中で、疑問文のイントネーションは最初に習得しなければならない
項目で、疑問などの文のモダリティ表示は主に文末のピッチ変化に
よって表される。（鮎沢，2003）。即ち、イントネーションによって、
疑問文であっても違うモダリティを表すことができる。疑問文の特
徴について、陳（1992）によれば、中国語話者は日本語の平板型と
尾高型アクセントの一語問い返し疑問文の文末を緩やかに上昇させ

ることができるが、日本人のような急上昇させるピッチ曲線は実現しにくい。また、頭高型と中高型アクセントの場合、文全体のピッチレベルが平叙文より高くなるが、文末のピッチ曲線が下降するとしている。中国の真偽疑問文とWH疑問文は文法の面でも、イントネーションの面でも日本語のものとはかなり違う（楊，2007）。

したがって、本研究は疑問文のイントネーションを取り上げて、考察の対象にする。疑問文の表現意図を考えたうえで、「質問」、「疑い」「反問」、「確認」という意味を表す四つの疑問文イントネーションを課題に、中国人学習者の日本語疑問文のイントネーションの特徴を観察し、学習者が母語話者とどのような相違点があるかとその原因について、究明するために、実験を行い、音響音声学的観点から詳細な分析を行う。また、第二言語習得の理論と実験音声学的手段を使い、中国人日本語学習者による疑問文イントネーションの特徴を解明した上で、母方言の韻律的特徴、疑問文イントネーションの特性が日本語疑問文イントネーションの習得に影響を与えるかどうかを考察する。問題がある場合その原因についても考察を試みる。

1.5本書の研究意義

第二言語音調生成の諸研究は、第二言語生成する過程では、第一言語の遷移と妨げはその重要な要素であることを示している（Mennen，2007）。第二言語音声の自然さと流暢さはその言語が話されている社会的・経済的活動での成功などに影響すると報告されている（Derwing,Thomson & Munro,2006;Trofimovich & Baker,2006)。言い変えれば、言語転移は母語の習慣が新たな第二言語においても、持続する結果として、第二言語習得を左右する最も大きな要因であ

ると捉えられる（奥野，2005）。今までの学習者による日本語音声の習得に関する研究は大体、中日両言語の違いに注目し、対照分析という視点から母語の干渉があるかどうかについて考察されたものが多い。しかし、日本語学習者の音声には母語の影響だけではなく、様々な要因が関与している。従って、学習者による音声の誤用を分析するには、対照研究だけでは不十分で、実証的な研究が必要だとされる。

　　本研究は、中国語日本語学習者に対して実験を行い、さらに、得られたデータを統計学的方法で処理し、疑問文の意味、機能とイントネーションとの関連を明らかにし、より広い視点から日本語疑問文の習得の実態を解明し、イントネーションの重要さを明示することを目的とする。さらに、本研究の成果に基づき、学習者の習得問題に証拠を提供し、日本語教育の現場における音声指導に応用していくことを期待する。また、第二言語音声習得における第一言語の音声特徴の役割を理解し、日本語音調教育への無関心という欠陥をどのように補えばいいかをささやかではあるが貢献したいと思う。

1.6 本書の構成

　　本書は全7章から構成される。本書の構成図（フローチャート）1－1を参照しながら、各章の概要について述べる。

　　まず、第1章では、本研究の研究背景、目的、意義及び本書の構成について述べる。

　　第2章では、まず、本書に関連する基礎的概念について述べる。次に、中国の音調体系について記述する。最後に、疑問文と関連する日本語イントネーションの特徴をまとめる。

　第3章では、第二言語習得研究の動向、疑問文イントネーションに関する既存の研究成果を述べる。まず、日本語と中国語において、疑問文のイントネーションを対象とした先行研究を概観する。次に、中国話者を対象とする日本語音声教育におけるイントネーションの問題を取り扱った研究の成果をまとめ、本研究の位置づけを明らかにする。

　第4章では、本研究で立てた音響実験計画の内容、目的、分析方法、実験装置について述べる。

　第5章では、日本語疑問文イントネーションの音響的特性について分析する。日本語疑問文のイントネーションを中国人学習者と日本人母語話者がどのように知覚するかについて調査し、中国人学習者における発音問題をまとめる。

　第6章では、中国学習者の発音問題が生じた原因を母方言との関連があるかについて、理論上で考察する。

　第7章では、まず、本書の結論をまとめ、日本語疑問文イントネーションの習得に影響する要因について総合的に考察を行う。そのうえで、今後の研究課題につてい述べる。次に、本研究の成果を踏まえて、日本語イントネーション教育と学習について提言する。

　本書のフローチャートは図1-1のとおりである。

図 1–1　本書の構成

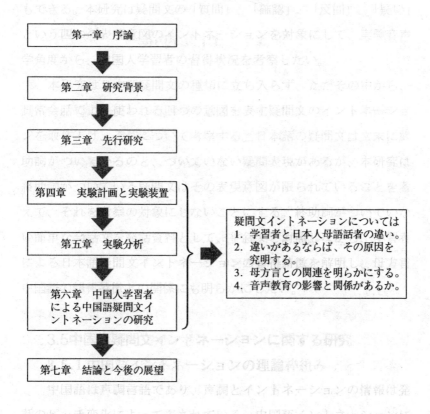

第一章　序論

第二章　研究背景

第三章　先行研究

第四章　実験計画と実験装置

第五章　実験分析

第六章　中国人学習者による中国語疑問文イントネーションの研究

疑問文イントネーションについては
1. 学習者と日本人母語話者の違い。
2. 違いがあるならば、その原因を究明する。
3. 母方言との関連を明らかにする。
4. 音声教育の影響と関係があるか。

第七章　結論と今後の展望

あると主張した。今までの中国語イントネーション研究は大体この

第 2 章では、まず、2.1 で本書で使われる基礎的な概念や用語
を明らかにしておく。次に、2.2 で中国の音調体系について記述する。
最後に、2.3 で疑問文と関連する日本語イントネーションの特徴を
まとめる。的な中国語イントネーションの観点が主張した陳述文のイ

2.1 用語と基礎的概念の定義

本書に使われる用語や基礎的概念の定義をここで述べておく。

2.1.1 アクセント

言語学でアクセントとは、一つずつの単語または文節（単語
結合）ごとに決まった音の相対的強弱や相対的高低を言う。アクセ
ントは大きく分けると、音の強弱による強勢アクセント（stress
accent）と音の高低による高低アクセント（pitch accent）の二つ
になる。点の高さだけでなく、音長、音量にも関わることを指摘した。

1）強勢アクセント　音の高低ではなく、音の強弱によるアク
セント。その代表的な言語は英語である。英語では、音節を強く（こ
の場合の強いとは音量が大きいだけでなく、母音が長い、ピッチが
高いなどもかかわってくる）読むか弱く読むかという強弱アクセン
トである（ただし英語では stress という用語を使う方が一般的）。
そして、英語では強勢を持つ音節の頭にくる破裂音は帯気する。そ
れ以外に、ドイツ語やロシア語なども強いアクセントだと言われて

いる。

2）高低アクセント　声調と同じように高低の変化による音韻的な区別を持つが、単語のうちの特定の音節またはモーラだけで区別を行うものを高低アクセントと呼ぶ。高低アクセントを持つ言語は中国語、ベトナム語などであるが、その代表例である日本語とは違う。日本語では、音節と音節が結びついたその音節間の相対的な高さの差が問題になるのに対して、中国語では、一つの音節の中での音の高さの変化（四声）が意味をもつのである。

日本語の音声研究では、アクセントの研究がもっともよく進んでいる。纏めれば、観察的立場によって、それに対しての見方は大きく二つに分れている。音声学的に観察する場合、単語における絶対的な高低を言うのがある。単語における相対的な高低という立場では、高さから低さへの変わり目（核とか滝とか言われている）の有無が有型アクセントと無型アクセントに分類するのは音韻論的に観察するものである。アクセント核によってアクセント型が作られた。日本語のアクセントは方言差が激しいが、多くの方言は高低アクセントであり、音の下がり目の位置によってアクセントが区別される。本書では、共通語のアクセントである東京アクセントを扱うので、その特徴について述べる。

まず東京アクセントの型について紹介する。

アクセント核のあるかないかによってアクセント型を無核型と有核型に分ける。無核型のことを平板型、有核型のことを起伏型と言う。さらに有核型のうち、(1) 型を頭高型、-(1) 型を尾高型、それ以外を中高型に細分する。アクセントの特徴については、今石（1997）は「高低をピッチ曲線で見た場合、一拍目のピッチが低ければ、次の 2 拍目からは必ずピッチが高くなる。反対に、一拍目の

ピッチが高ければ、次の2拍目からは必ずピッチが低くなる。」という。窪薗（2006）は「語頭は同じ高さが続かない」と同じようなことも述べた。つまり、第1拍と第2拍のピッチの高さは「語内で一度下がったピッチは2度と上がらない。」ともう一つの特徴を指摘した。今石（1997）は「共通語のアクセントで、雨と飴、牡蠣と柿、箸・橋と端、鼻と花などはアクセントの高さから低さへの下り目の有無が意味の違いを示している。」と日本語アクセントが語の意味を区別する弁別的な特徴を備えていることを述べた。また、「単語としてのまとまりをつける音形統一の機能をもっている」とアクセントの統語機能を示した。

2.1.2 声調

　声調とは、音節の構成要素であるから、音節音調ともいう。声調は意味の弁別にも関与し、音節の中で発生する音の上がり下がりのことである。中国語は典型的な声調言語である（日本音声学会1976）。中国語の普通話声調には4種類、つまり四声がある。四声とは、中国語のひとつひとつの音における「音程の上げ下げ」である。四声はそれぞれ次のような音で発音される。

　第一声：高く平らに発音する。

　第二声：中の高さの音から一気に高い音へ引き上げる。

　第三声：低くおさえてその後、最後に少しだけ音を上げる。

　第四声：高い音から一気に低い音へ下げる。

　以上の4種類以外に、軽声と呼ばれる軽く、弱く、短く発音される音もある。軽声を含めて、合計5種類がある。

　中国語声調と日本語アクセントの違いについては、候鋭（2011）はこのように述べた。「日本語アクセントは語を単位とし、語の中にある音節と音節の間に高低変化がある。音節単位の高低変化はし

ない。単音節からなる語の場合は、後に来る助詞などと一緒になっ
て、語のアクセントと同じような高低関係の組み合わせとなる。そ
れに対して、中国語声調は、音節単位に高低変化（声調或いは四声）
があると同時に、語の場合は、その語の中の各音節が単独に持つ高
低変化（声調或いは四声）は、維持されている。各音節間互いの影
響によって声調が変形することはあるが、各音節の声調が活かされ
ながら組み合わさっているのは基本である。」これをいい換えれば、
中国語声調と日本語アクセントの最大な相違点は一音節内で高低の
変化があるかないかが違うところである（城生 1988）。声調が違う
と意味も違ってくる。すなわち、中国語のアクセントは「弁別的」
であるところに特徴があるので、中国語の習得において、大切な項
目である。特に、音節が連続する場合、その声調が本来の声調から
変化する場合がある。例えば、「三声＋三声」と三声が二回以上続
くときは前の三声が二声に変化する。

　　中国語声調の表記法は大きく分けて、「調値標調法」、「調類
標調法」と「IPA のアクセント記号」の３種類がある（游，2004；
許・湯，1988）が、中国語の音の高さは「5 度制表記法」（「調値標
調法」）によって説明されることが多い。それは最低が「」1」で、
半低「」2」、中「ㅓ 3」、半高「ㅓ 4」、最高が「ㄱ 5」という国際
音声記号で表示される。中国語の声調はこの 5 度式の数字の組み合
わせにより昇降パターンを表現しているから、「5 度制」は声調の
表記法として採用されている。

　　中国語の四声を陰陽 2 調に分け、「陰平、陰上、陰去、陰入、陽平、
陽上、陽去、陽入」という八声（四声八調）で分類する方法は「調
類標調法」である。

　　「IPA のアクセント記号」とは、北京方言の四声を IPA のアク

セント記号で表記する方法である。第一声、第二声、第三声、第四声の表記符号は以下の図のようである。

声调	例字	汉语拼音方案	国际音标
阴平	妈	*mā*	ma˥ (ma⁵⁵, ˌma, ma¹)
阳平	麻	*má*	maˊ (ma³⁵, ˌma, ma²)
上	马	*mǎ*	maˇ (ma²¹⁴, ʻma, ma³)
去	骂	*mà*	maˋ (ma⁵¹, maʼ, ma⁴)

図 2−1 北京方言の四声の IPA 表記符号

2.1.3 イントネーション

ここでは、イントネーションの定義、分類、機能、形式、アクセントとイントネーションの違いについて述べる。

2.1.3.1 イントネーションの定義

イントネーションという概念の定義については、多くの研究論文で論じられている。

森山（1989）は、文あるいは発話のレベルで音の高さ（ピッチ）の変動がイントネーションであるとする。日本語の構造上、「発話の内容をともかくも述べ切り相手との受け渡しをするということから、特に言い終わりの部分に、発話の情報伝達的な意味が附加されやすい」ことにより、イントネーションが意味を持つのは主として文末であると述べている。

郡（1997）はイントネーションを発話全体に認めながら、伝達態度形成に関わるイントネーションは文末の音調により表されるものであると述べている。

　前川、Pierrehumbert&Beckman（1988）は「IP[①] とは、AP[②] がいくつか集まってできる音調単位である。通常、核を有する AP が連続すると downstep が起こるが、IP の境界では、この downstep[③] がリセットされる。」と指摘している。

　石井（2004）は「個々の語について決まっているアクセント型とは別に、発話者の表現意図を表すため文末などに現れる高さの変化はイントネーションである。」とまとめている。

　松崎·河野（1998）は「イントネーションとは広義には、文全体の音の高さの変化をさすが、狭義には、話者の表現意図に関係する、文末、句末における音の高さの変化を指す。」と述べている。

　以上の定義から見れば、イントネーションの概念について、研究者によって、その解説も多少違いがあるが、大体、文全体と文末のどちらに注目するかによって分けられている。

　そのほかイントネーションは物理的な面によって次のように定義されている。「イントネーションとは、喉頭制御による基本周波数の時間的変化であるとされる。」このような定義は、イントネーションが談話の中に生起することにより、高低、ピッチ感覚などが付随し、ピッチの卓立に伴い意味や情操面が付与されてくるため、多様な様態がかえってその定義を困難にしている（柳，2002）。

　今石（1992）は「イントネーションは基本周波数などによってピッチ曲線の型を作るものである」と述べている。イントネーショ

[①]　IP は抑揚句のこと
[②]　AP はアクセント句のこと
[③]　高音と低音が実現されるピッチ空間が、核のところに来るたびにだんだんと狭められていくこと

ンは、時間軸上におけるピッチ曲線の型、または音程であるとされている。

したがって、イントネーションがアクセント基盤の上に成立する音声行為であるということについては否定しえないが、イントネーションの独自性は、あくまでも時間軸上での音程の変化にあるということができる。（柳，2002）

要するに、イントネーションは単語レベルを超えた文などの全体に現れる音調で、話し手の聞き手に向けた態度表明の役割を持つものであり、発話するときに、文レベルでの音の上がり下がりの型のことである。イントネーションは場合により、文全体など文末以外にもあらわれ得るが、本研究では、その範囲を限定して、狭義、文末に現れる音調という定義に従うことにする。文末におけるイントネーションの上昇・下降は原則として文の最終拍とその直前拍とのピッチの差によってあらわされている。

2.1.3.2 イントネーションの分類

イントネーションは現れる位置を基準にして、文頭のイントネーション（川，1956）、文末のイントネーション、句末のイントネーションに大きく分けられている。ここでは、文末イントネーションに絞って、その分類に関する研究を紹介する。

文末イントネーションは、一般的に疑問文の場合は上昇となり、平叙文の場合は非上昇となるといわれている。 文末周辺のイントネーション現象の類型化とその意味の設定の仕方は先行研究によって異なる。文末イントネーションの種類に関する研究の中では、郡（1997）のように、一般的に平坦、上昇、下降の三種類だと考えられている研究がある。森山（1989）は文末イントネーションは原則的には上がるか下がるかのいずれかであると考えたうえで、イント

ネーションを上昇、下降、自然下降の三つに分類した。そのほか、2種類、4種類、5種類の類型もある。例えば、片桐（1997）、森山（1989）は上昇調と下降調の二種類の類型を認める。小山（1997）は文末詞の使用において、典型的に現れるものとして、問いかけ上昇調、持ちかけ上昇調、断定調、感嘆調という4種類の文末イントネーションを想定した。郡（2003）は上昇調と下降調をさらに細分して、疑問型上昇調、強調型上昇調、顕著な下降調、上昇下降調、平調の5種類に分類した。このような分類法は文末イントネーションの種類は上昇、下降の激しさ、長さなどによって細かく分けられるのである。

2.1.3.3 イントネーションの機能

イントネーションという音の高低変化は話し手の意図や感情を表し、文の種類を区別する働きをもつため、イントネーションの意味機能はイントネーションの型によって違う。郡（1997）では、イントネーションの意味機能は、大きく「文法的機能」「情緒的機能」「社会的機能」の3つに分けられると述べている。　この中で、最も重要なのは「文法的機能」である。さらに、イントネーションの文法的機能を、フォーカスを表す機能、単語同士の意味の限定関係や意味的な一体性を表示する機能、疑問文などの文のモダリティ（ムード）を表示する機能、大きな意味の区切りを示したり、発言がまだ終わっていないことを示す機能と細かく分けている。そして、それぞれの機能は、　アクセントの高低の変化を強調したり抑えたりすること、文末の音調（声の上がり下がりの様子）を変えること、文節最後の音を高めることで表される。

また、河野（2015）はイントネーションの意味・機能に関する研究を次のように纏めた。

1．包括的な意味・機能

A）森山（1989、1997）：

1）疑問文・平叙文が文タイプに固有の文末形式をもたない場合には、上昇調（R）は「聞き手の反応伺いがある」（つまり疑問文である）ことを表し、下降調（F）は「聞き手の反応伺いがない」（つまりは平叙文である）ことを表す。

2）平叙文でありながらRを取る場合は、ニュアンスとして「聞き手の反応伺いがある」ことを表し、「丁寧さ」や「談話の継続性」を伝達する。

3）疑問文でありながらFを取る場合は、ニュアンスとして「聞き手の反応伺いがない」ことを表し、「詰問」、「反語」、「納得」を伝達する。

4）「あら？」／「おや？」等の感動詞のような、聞き手に向けた発話というより第一義的に話し手が自分に向けた独り言的な発話も考慮すると、Rの基本的・包括的意味は「情報の非充足性」・「探索性」にある。

B）川上（1995〔1963〕）：

1）Rは「相手とのつながりを求める気持ちを表す」。

2）急激なRは「より重い態度」を、段階的なRは「より軽い態度」を表す。

3）すくいあげるようなRは「反問」を、末端卓立調のRは「強め」を表す。

2．モダリティに関与する意味・機能：

A）片桐（1997）：RとFは談話単位の継続と区切りを表示し、終助詞「よ」が「情報の受容」を、「ね」が「情報の未受容」を表すことと組み合わさって、高度な対話調整がなされる。

B) 小山（1997）：「ね」・「よ」・「だろう」などの文末詞に伴う下降上昇調（急激な R）は「問いかけ」（聞き手の反応を促すを、上昇調（段階的 R）は「注意喚起·呼びかけ」を、下降調は「言い切り」を、上昇下降調（語アクセントに F が付加されたもの）は「注意喚起呼びかけ＋感情の露呈」を表す。

C) 杉藤（1992）：「ねえ」を伴う発話では、「ねえ」がなだらかな F を標準に取ると、急激な F は「非難」を、R は「いたわり」を、語アクセントが消失したなだらかな F は 「同情」や「感嘆」を表す 。

このような記述は、実はイントネーションの意味· 機能に関する先行研究を文末に終助詞がある場合とない場合に分けて、イントネーションが果たす役割を詳しくまとめた。

2.1.3.4　イントネーションの形式

イントネーションの形式について、今石（1997）は基本的形式と変則的形式があると提出した。基本的形式では、「音程と持続時間の関係は反対であることを示す」傾向があるという。つまり、音程が低い場合は持続時間が長くなる傾向がある。それに対して、音程が高い場合は持続時間短くなる傾向がある。変則的形式では、「音程と持続時間の関係が同一であることを示す」傾向がある。これは基本的形式と違って、音程が低い場合は持続時間が短くなり、音程が高い場合は持続時間も長くなる。要するに、イントネーションの形式は音程の高さと持続時間の長さとの関係を表すものである。

河野（2015）はイントネーションの形式を全体的な音調形と中核的音調形という 2 種類に分類している。その具体的な内容はつぎのようである。

i）全体的な音調形

1）発話のイントネーションは語アクセントの音調形 [①] を核にして形成される。

2）発話のイントネーションは階層構造を成し、「アクセント句」が集まって「抑揚句を形成し、抑揚句が集まって「発話 」を形成する。

3）発話全体のピッチが自然減衰する中で、抑揚句内では最初のアクセントの下に後続アクセント句が段階的に下降し、ピッチ幅が狭まる。

4）抑揚句や発話の両端には特徴的な音調形が出現し、抑揚句の尾部にはポーズ 、長音化、ピッチの顕著な下降等が起こる。

5）強調・対照や談話主題の導入等の高い情報価を表す抑揚句はピッチが高められ、ピッチ幅が拡大する。

ii）中核的音調形

1）基本的に 「下降調 」と「上昇調 」が認められる 。

2）下降調と上昇調には、句末の音調がゼロ形で語アクセントの音調形がそのまま現れる場合と、語アクセントの音調形に句末の音調形が付加される場合、語アクセントの核を破壊し句末の音調形が付加される場合より高い 。

3）下降調と上昇調には、同一モーラないしは隣接モーラ間でピッチが急激に曲線的に変化する場合と、隣接モーラ間でピッチが段階的に変化する場合がある。 （国立国語研究所，1960 ；川上，1995 ［1963］；森山，1989 等）

---

① 語アクセントの有無と位置によって決まる

2.1.3.5　アクセントとイントネーションの違い

日本語のアクセントは高低アクセントである。アクセントとイントネーションの違いについて、郡（1997）は「アクセントは単語ごとに定まっているものであるから単語の一部分であるのに対し、イントネーションはそうではない。アクセントは話し手の気持ちや状況次第で「雨」と「飴」のアクセントが入れ替わるということはない。イントネーションの場合は末尾をあげると、疑問調になるのは、どの単語についても言えることである」とアクセントとイントネーションの異なる点を指摘している。

イントネーションは簡単に言うと、抑揚のことである。アクセントは、単語の中での音の強弱や高低を表す。アクセントは単語ごとに、また方言により決まっていて、同じ音の言葉でもアクセント（強弱や高低）の違いにより、意味が異なることがある。イントネーションとは単語レベルを超えた文などの全体に現れる音調で、話し手の聞き手に向けた態度表明の役割を持つものである。つまり、イントネーションは文レベルであり、アクセントの上にかぶさって疑問や肯定などの意味を付け加える。そして、文レベルの中での音の高低を表し、その人の気持ちや状況、何を伝えたいのか、などによって変化する。また、句や文の終結と連続とを区別し、平叙文、断定文、命令文、疑問文の別を示し、また、喜怒哀楽など話者の感情を表出する。とくに統語構造、話の焦点などを明示するため、内容理解への影響が大きい。

2.2中国語のイントネーション

ここでは、中国語のイントネーションの定義、種類、特徴について述べる。

2.2.1 中国語のイントネーションの定義

　イントネーションは狭義的には文のピッチ高さの変化、広義的には、ピッチの高さ、長さ、強さなどの音声的特徴を指す（瞿靄堂など，1992；毛世楨など，2006）。中国語イントネーションの定義については、学界には主に、２種類の観点がある。一つはイントネーションはピッチ高さの変化を指す（呉宗済，1982）。沈炯（1985）は声調とイントネーションは独立のピッチ体系、違う音響学的な形式を有している。イントネーションについては、文レベルの声調音域系列と定義するから、声調音域は言葉の流れの中でその高さと幅を変えることによってイントネーションを表す。これらは狭義的なイントネーション観点である。

　もう一つは広義的なイントネーションである。これは文レベルにおけるピッチの高さ、長さ、強さなど全ての音声的特徴を指す。（沈炯，1992；胡明揚，1987；賀陽 & 劲松，1992）。以下の三つの要素から成り立った。

　(1) 文のピッチ高さの変化（ピッチ高さ、音変、音幅の変化）。

　(2) リズム　話のスピードの速さとポーズを表す。

　(3) プロミネンス　文法プロミネンス、心理プロミネンスなどを含める（陳文達，1983；郭錦桴，1993）。

　羅常培と王均は「語気のイントネーションと音声の高低、強弱、長短、速さは関係があり、高低の抑揚変化はとりわけはっきりしている。」（羅常培 & 王均，1957）と考えた。胡裕樹も「イントネーションの内容は比較的複雑で、一般的に、それは主としてポーズやアクセント、昇降の三方面が含まれる。」（胡裕樹，1987）と言った。これらは広義的なイントネーションの代表的な観点である。

　広義でも、狭義でも、イントネーションは、語句と関係がある

一種の総合的な発音表現である。

2.2.2 中国語のイントネーションの種類

　　伝統的中国語イントネーションの種類に関する観点は陳述文の
イントネーションが降調、疑問文が昇調と主張したものである。趙
元任 (1929、1933、1935) は中国語のイントネーションを単字の声調、
中性イントネーション、モダリティイントネーション3種類に分け
る。胡明揚 (1987) はイントネーションは高調、平調、低調三種類
に分ける。瞿靄堂、劲松 (1994) は北京語のイントネーションは高
イントネーション、やや低いイントネーション、低イントネーショ
ンの三種類があると主張した。現在は一般的に功能イントネーショ
ンとモダリティイントネーションに大きく分けた (沈炯, 1999)。
功能イントネーションは句法に関わって、主に、陳述、疑問、命令、
感嘆という四つのイントネーションを指す。モダリティイントネー
ションは友好、怒り、興奮などの感情を表すイントネーションのこ
とである。『漢語普通話語音辨証』では、中国語のイントネーショ
ンを文全体の均等な高低 (文音調) と文末の上昇下降 (文末イント
ネーション) の二つに分けて定義している 。これによると、文末
イントネーションを上昇調、平調、下降調の3種類に分けられるの
は主な分類方法である。

2.2.3 中国語の疑問文イントネーションの特徴

　　中国語イントネーションに関する研究から見ると、疑問文イン
トネーションに関する研究には陳述文イントネーションと疑問文イ
ントネーションの違いに注目したものが多い。例えば、イントネー
ションが文末のピッチ変化だけではないという観点を主張される研
究は沈暁楠 (1989)、沈炯 (1992)、高美淑 (2001)、王安紅、陳
明、呂世楠 (2004) などがある。沈暁楠 (1989) は陳述イントネー

ションは終点のピッチの高さと関係なく、起点のピッチは疑問イントネーションのピッチより低い。沈炯（1992）は陳述文と疑問文のイントネーションは高音線と低音線で調節される。ピッチの高低音線で疑問文か陳述文かが決められると述べた。Liu と Xu（2005）は疑問文と陳述文の違いについて、疑問と陳述のピッチの差はフォーカスから、文末まで、双指数形式で増大すると疑問文と陳述文の違いについて研究した。また阮呂娜（2004）、江海燕（2006）と丛莉（2007）は違う角度から中国語イントネーションを考察した。阮呂娜（2004）は各種類の疑問文と陳述文の基本周波数 F0 の特徴を比較して、疑問文イントネーションは文末だけでなく、文全体のピッチ変化で表され、疑問文の種類によって陳述文との区別も違うという結論を出した。丛莉（2007）は阮呂娜（2004）と江海燕（2006）の研究をさらに検証し、全ての疑問文イントネーションは上昇するのではなく、疑問文イントネーションの上昇と下降はイントネーション以外、フォーカスの影響も受けていると述べた。伍艶紅（2007）は疑問文文末のイントネーションのピッチと文末の長さを考察した結果は疑問詞のない疑問文の平均ピッチと長さは疑問詞のある疑問文より高く、陳述文と比べて、疑問表記のない疑問文の平均ピッチと文末音節のピッチは陳述文よりはるかに高いが、長さは比較的に低い。疑問表記のある疑問文の中では、陳述文の平均ピッチは疑問文より低く、平均長さは逆に高いと言うことが見られた。

　　王萍、石鋒など（2010）は中国語北京語疑問文イントネーションは調域の上昇と調域の拡大という二つの特徴を持つと指摘した。調域の上昇とは文の調域上線と下線の上昇、各調群調域上線と下線の上昇のことで、文末調群上線の上昇幅は下線よりはるかに多い。調域の拡大は文全体の調域の拡大、特に、文末調群調域の最大化拡

大、全文の調域の幅に達するという。王萍、石林、石鋒（2013）は
疑問文は上線の上昇と下線の下降で表わされ、すなわち調域の双方
拡大は疑問モダリティとフォーカスの総合作用の結果と主張した。

　要するに、疑問文イントネーションの特徴については、各学者
の意見が一致しない。疑問表記のない是非疑問文を例にして、学界
には、主に以下の観点がある。1）文末イントネーションが高い。
2）疑問文の文末ピッチが上昇する。3）疑問文はアクセントの滝
のあと、高音線が徐々に下降し、低音線は上昇するに対して、陳述
文イントネーションはアクセントの滝のあと、高音線が急に下降し、
低音線が下降し続けるという両者の区別がある。また、各種の疑問
文イントネーションに関しては、多くの学者は疑問表記の有無が重
要であるということを認める。胡明楊と劲松は疑問表記のない是非
疑問文は文末で高いイントネーションを使い、他類の疑問文は高イ
ントネーションと低いイントネーション、どちらを使ってもいいと
述べた。呉宗済は疑問表記のある疑問文のイントネーションは陳述
文と同じと主張した。石佩雯は疑問文イントネーションの差異は疑
問文の種類と関係があると指摘した。

2.2.4 中国語声調とイントネーション

　中国語は声調言語であり、声調とイントネーションの情報は発
話のピッチ変化によって表されている。中国国内においては、声調
とイントネーションに関する研究は趙元任から始まったといっても
過言ではない。

　趙元任が「重畳観」を提出したあと、その後の学者たちはそれ
を中心に賛成か否定かについて討論した。趙元任（1932）は声調は
意味を表し、穏やかで、イントネーションは感情を表し、両者は「代
数和」の関係であると述べた。瞿藹堂、劲松（1992）は声調とイン

トネーションは融合関係にあると指摘した。沈炯（1992、1995）は声調とイントネーションはお互いに依存するが、同一平面の現象ではなく、両者は「代数和」の関係でもなく、融合関係でもなく、声調音域の調節だけで解釈できる。呉宗済（1997）は声調は字か詞を単位に変調し、イントネーションは語群を単位に変調すると声調とイントネーションとの区別は変調範囲にあるといった。曹剣芬（2002）は声調とイントネーションは同時に存在し、両者の関係は音階の積み重ねの「代数和」で、調型の重畳の「代数和」ではないと声調とイントネーションの関係について詳しく論じた。つまり、声調とイントネーションは依存しながら、お互いの制約も受けている。林茂灿（2004）はイントネーションが「辺界調」と「ピッチ重調」を通じて、声調に影響を及ぼした結果はイントネーションの各音節F0 と長さを変えたと指摘した。これらの研究は文全体から声調とイントネーションの関係を考察したものである。これに関する研究が進んでいるとともに、文末の声調とイントネーションの関係に注目するのが多くなってきた。また、科学技術が発展するにつれて、音声分析関連のソフトが数多く開発された。そのおかげで、音声学音響実験で声調とイントネーションを研究する学者も増えた。

　蒋丹寧、蔡蓮紅（2003）は実験で文末声調がイントネーションへの感知に重要な役目を果たしていることを検証した。譙蓉（2007）は発音、感知実験を通じて、疑問イントネーションは全体的に音階をあげることと上昇率を増加させるという二つの形式で声調を調節することを発見した。江海燕（2010）の実験で、文の声調に対して、調型も調階も重畳変化が発生した現象が見られた。林茂灿（2012）は上昇イントネーションと下降イントネーションは文末の音節だけに作用し、上昇イントネーションは文末音節の声調の音階をあげ、

下降イントネーションは文末音節の声調の音階を下げるが、調型は変わらないと改めて声調とイントネーションの関係をまとめた。以上の研究はそれぞれの角度から、声調とイントネーションの関係について考察した結果から見れば、イントネーションと声調は併存しながら、互いに影響を及ぼしているが、性質と機能が違うことが分かった。イントネーションがどのように表現されるかを知るために、ピッチ曲線に依存している声調とイントネーションを離さなければならないことは中国語イントネーション研究のこつと言える。

2.3まとめ

第 2 章では、まず、本書で使用する基礎的な概念や用語を明らかにした。次に、中国の音調体系について記述した。最後に、疑問文と関連する日本語イントネーションの特徴をまとめた。

第3章　先行研究の概観

　第3章では、まず、第二言語習得研究の動向について述べる。次に、本研究に関連する先行研究の成果をまとめ、本研究の位置付けを明確にする。

3.1第二言語習得研究

　第二言語習得 (second language acquisition：SLA) 研究は、学習者が母語以外の言語をどのように学ぶのか、その習得過程を研究・解明しようとする分野で、心理学・言語学・教育学などと関わり、さらに広義には外国語教授法も含まれる学際領域である。

　第二言語音声習得研究は第二言語習得研究の一分野であり、母語の影響が最も顕著に現れる領域が音声・音韻である。音声教育研究を行うには、音声学・音韻論の理論と学習者の音声習得に関する知識を理解しなければならない。音声学・音韻論については、長く研究がなされてきているので、文献も多いが、音声習得は、研究対象としては比較的新しく、それに関する研究成果は少ないようである。

　本格的な第二言語習得研究が始まったのは 1940-1950 年代で、 学習者の母語と目標言語の文法・音声・語彙など、2 つの言語を比較分析して共通する部分や異なる部分を解明する「対照分析 (contrastive analysis：CA)」(Lado, 1957) に端を発する。1950 年代から 1960 年代には、学習者の母語 (L1) と目標言語 (L2) と

の比較から、学習者が外国語を学習する際に起こりうる問題の予測が可能であると考えられていた。Lado（1957）が対照分析仮説（Contrastive Analysis Hypothesis）を提出したあと、第二言語習得研究は盛んになった。対照分析仮説を理論的基盤とした Lado（1957）は、外国語を学習する際に、母語に類似した特徴は容易で、母語とは異なる要素は困難であることが予測できると主張した。すなわち、学習者の母語と目標言語と比較・対照することによって言語習得における問題を予測できるということである。しかし、当時、構造主義言語学に基づき、言語構造に対して、分析が精力的に行われていたが、学習者音声の特徴は母語の音韻体系から予測可能であると考えられていたため、研究対象として特に関心が持たなく、学習者音声の特徴が取り上げられることは少なかったのである。実際の学習者音声の特徴を調べてみると、母語から予測される要素以外の特徴も含まれることが明らかになり、初期の対照分析仮説（strong version）は「完全な予測はできないが、起こった問題の説明が可能である（weak version）」と改められた。

　1970 年代には、外国語教育の現場から対照分析仮説からは予測できない例が多く報告され、母語干渉だけでは説明できない学習者言語の実態が次々と明らかにされていった。Corder(1967) が提唱した誤用分析（Error Analysis）で、音声学者は学習者が産出した言語自体に興味を持つようになった。すなわち、誤用分析の時代が到来した。これは学習者の犯す誤用を分析することを通して、習得過程の規則性や普遍性を明らかにしようという試みである。一方、誤用分析の問題点を指摘した研究も次々と出てきた。例えば、誤用のみを取り上げて調査の対象としたため、学習者言語の全体像が見えないということ、習得過程や習得順序が把握できないということ、

誤用の原因が究明できないなどということが指摘された。

　学習者の誤り、即ち誤用分析への感心が高まったとともに、Selinker（1972）は学習者言語を「可変性を伴い、母語とも目標言語とも異なる独立した言語体系」、いわゆる中間言語（Interlanguage）の理論を提唱した。対照分析仮説における「母語干渉」では、外国語学習において母語の音韻体系がマイナスに作用することに着目したが、中間言語では「負の母語転移」（マイナスに作用すること、母語干渉）とともに、「正の転移」（プラスに作用すること）もプロセスのひとつとして認められる。また、誤用分析では誤用のみに焦点が当てられたが、中間言語研究では、誤用も正用も分析対象とする。中間言語研究では、学習者がある言語形式を敢えて使用しない場合「避用」というプロセスとして扱うことが可能である。このことにより、学習者言語の全体像が見えるようになり、習得過程や習得順序に対する理解も深まったのである（戸田，2005a、b）。Selinker（1972）は中間言語の理論を提唱して以来、日本語の音韻体系を習得するプロセスにおいて学習者が作り出す中間言語の特徴を分析する音声習得研究が盛んに行われている。

　1970年代の後半から、学習者が実際に産出した音声を収集して分析を行う実証的研究が行われるようになった。これらの音声習得研究は第二言語の習得は複雑だということを示した。鮎澤（1999）に挙げられている音声習得研究の成果から、日本語学習者の音声は「正の転移」、「負の転移」、「過剰般化」、「近似化」などのプロセスを経て、目標言語の音韻体系に近づいていくことが報告されている。P iske(2008)では、先行研究は第二言語音声習得の精確さが習得年齢、第二言語インプットの質と量、第二言語音声の知覚と産出における訓練(training)、第一言語背景に影響されることに、

確実な証拠を提供しているが、ほかの変数やパラメータの重要性については説得力がある結論を出しにくいということが指摘された。したがって、第二言語習得研究の分野では、音響音声学的な実証的研究のようなさらなる研究成果が望まれる。

3.2 日本語文末イントネーションに関する研究

　文末イントネーションに関しては、文末周辺のイントネーション現象の類型化とその意味の設定の仕方は先行研究によって異なる。特に、文末イントネーションの種類については、吉沢（1960）と川上（1963）では、5 種類、小山（1997）では、4 種類、郡（1997）では 3 種類の類型を認め、それらの種類はそれに対応する意味或いは機能を設定している。一方で、二種類の類型を認める研究では森山（1989）、片桐（1997）などがある。彼らの研究では文末に固有の上昇イントネーションに認知的、構造的機能があるとし、上昇／ 非上昇はその機能の有無であるとまとめることができる。森山（1989）では、「上昇調は聞き手の反応を伺う意味、下降調は聞き手の反応を特に伺わない意味があるとし、文末イントネーションのさまざまな意味を「聞き手の反応を伺う原則」によって説明できるとしている。片桐（1997）では、森山と同じように 2 種類を認め、「文末上昇イントネーションは構造の継続性を下降イントネーションは構造の区切りをそれぞれ示している」と定義している。また、文末の上昇イントネーションが疑問を表すのは、「話し手が対話レベルの構造の継続性を表示することによって情報の要求·提供という談話的に一貫した構造を作りだそうとしているため」という。これらの先行研究では、文末イントネーションの多様な意味は、発話から直観的に得られ、「文末イントネーション独自の機能」と「多様な

意味をもつ言語形式」との組み合わせから派生するものであるということを論じている。

3.3学習者によるイントネーションに関する研究

土岐（1990）が中国人・韓国人・アメリカ人学習者による日本語のイントネーションとプロミネンスに関する分析を行った。また、中国人（陳 1992；楊 1993；福岡1997, 姚2006）、韓国人（閔, 1990、1996；谷口, 1993）、フランス人（中川・中川, 1993；代田, 1997）、ドイツ人（林ほか, 1997）、インドネシア人（新田, 1992）、モンゴル人（土屋, 1991；土屋・土屋, 1991、1993）、ベトナム人（轟木, 1993）などを対象にした先行研究がある。これらの先行研究では、主に韻律における母語干渉の傾向が明らかにされている。

福岡（1997）では、北京方言話者7名、上海方言話者7名、福州市出身の閩東方言話者7名、台北市出身の閩南方言話者7名の初級日本語学習者を対象として、勧誘「～ない？」と否定「～ない」の自然音声、および「食べない」の文末「い」の基本周波数が異なる合成音声を用いて知覚実験を行い、イントネーションから発話者の表現意図が識別できるかどうかを調べた。その結果は「自然音声による知覚実験では、各方言話者とも知覚同定率が高く、安定した結果を示した。知覚同定率が高かった要因としては、合成音声の実験における否定の刺激音域の知覚同定率の高さに示されているように、導入が進んでいる否定「～ない」と他の表現意図の発話との違いを識別する能力がすでについていたことが考えられる。しかしながら、勧誘「見ない？」のように、アクセント‐2型で、アクセント核のある「見」よりも文末の「い」のほうがピッチが低い勧誘の

知覚同定率は極めて低かった。同じ文末上昇調のイントネーション
でも、勧誘を表すために、文末ピッチが上昇するものの、文頭のア
クセント核以上には上昇しないイントネーションに関しては、学習
者には勧誘の判断が難しかったようだ。」また、「合成音声による
知覚実験では、各方言話者が学習早期の時点で、文末のピッチに関
する勧誘と否定の範疇知覚が日本語話者とどの程度異なっているか
明らかになった。学習者の否定の範疇知覚はほぼ日本語話者と同じ
であることが確認できた。一方、勧誘か否定かに分かれる刺激音9
（231Hｚ）～11（191Hｚ）の範疇近くの境界では、学習者の多く
が勧誘と判断し、刺激音1（391Hｚ）～5（311Hｚ）の日本語話者
が勧誘と高く判断した刺激音では、否定と判断する学習者が多く、
日本語話者との間に大きな違いが見られた。」その要因としては「各
方言に日本語のような文末の一拍分の急なピッチの上昇がないこと
が関わって学習者にはこの合成音声の急なピッチの上昇が知覚でき
なかった可能性がある。」と述べている。

　湧田（2003、2004）は、中国語（北京語・上海語）を母語とす
る学習者を対象とした否定辞「ナイ」で終わる発話の録音実験を行
った結果、母語転移だけでなく、形容詞の語幹アクセントに関する
過剰一般化や、教室指導の影響も見られたことを報告している。ま
た、戸田（1998ｂ）が特殊拍の生成について報告した「過剰般化→
オーバーシューティング→自己修正」という習得のプロセスが、上
昇イントネーションの習得過程でも見られたと述べている。また、
湧田・戸田（2005a、b）では、「ヨクナイ」の知覚実験を行い、NNS
の聞き取りにおいて否定表明より同意要求の同定率のほうが低いこ
とが明らかになった。否定表明の「～ナイ」は初期段階で学習する
が、同意要求については学習機会が少ないことが理由のひとつであ

ろう。次に、イントネーションに関する知識の有無に基づいた既知群と未知群の結果を比較すると、否定表明の結果では両群に差は出ていないが、同意要求の結果においては未知群の方が既知群より同定率が低いことがわかった。このことから、同意要求の同定には音声的知識の有無が影響しており、イントネーションを音声教育に取り入れる意義があると言える。

姚（2006）では、音響音声学的な手段を用いて、広東方言話者を対象にして文末詞「ね」のイントネーションの特徴を解明した。その結論として「確認を表す「ね」においても、質問を表す「ね」においても、文末上昇の持続時間は日本人母語話者と比べて、広東方言話者のほうが短くなっている。文末の上昇調が実現されているとはいえる。しかし、その上昇度というと、日本人母語話者、それに他の3人の広東方言話者よりも小さく、文末の上昇振りは緩やかになっている。確認を表す「ね」について、マイナス型＋「ね」の上昇調というパターンの習得が困難である。」ということ。

楊（2010a）は音響音声学的な実験で中国人高学歴学習者（大学院生）と日本人母語話者による否定文イントネーションを考察した。その結果は否定文が表す三種類のイントネーションで、日本人母語話者が陳述、疑問、感嘆というイントネーションの音域と長さは顕著な差がある。一方、中国人学習者には差がなく、感嘆イントネーションが表現できないということを明らかにした。

3.4日本語疑問文イントネーションに関する研究
3.4.1日本語疑問文イントネーションの種類に関する研究

日本語疑問文イントネーションに関する研究は国立国語研究所（1960、1963）、須津貢明保坂真理（1975）、矢野（1989）、仁田（1991）、

中川千恵子（1995）、荒井（1995）、土岐哲・金秀芝（1997）、安達
（1999）、稲垣滋子・佐藤由紀子・鈴木庸子（1999）、鮎澤（1991、
1992、1993a、b、c、1994、1999、2001）、邱（2004）、田中彰（2005）、
宮崎和人（2005）など、文法、語用論などそれぞれ違う角度からの
研究成果がある。

　国立国語研究所（1960）は表現意図によって疑問表現を詠嘆表
現、判断表現、要求表現、応答表現という 4 種類に分け、具体的な
実例で表現意図とイントネーションとの関係を明らかにした。それ
ぞれの表現形式のイントネーションは以下のようである。

　詠嘆表現：平調、昇調 1、＠型調 ;

　判断表現：平調、昇調 1、昇調 2、降調、＠型調 ;

　質問表現：平調、昇調 1、昇調 2、＠型調 ;

　命令表現：平調、昇調 1

　応答表現：平調、昇調 1、昇調 2、＠型調 ;

　広義の要求表現は疑問表現と命令表現に分けた。疑問表現は疑
問文に相当し、肯否定要求表現と選択表現があり、前者は確認要求
表現と判定表現、後者は選択要求表現と説明要求表現に細分した。

　矢野（1989）は語用論の視点から日本語疑問行為に考察をした。
彼は陳述文、疑問文の表現機能はその言語表現が使うコンテクスト
で決めるということを主張した。

　仁田義雄（1991）は文法的な角度から、日本語疑問表現形式の
使用状況について述べた。疑問表現は「疑い」、「質問」というモ
ダリティの基本形と「命令」モダリティの話し手が聞き手に要求を
実現させる派生形に分けた。

　安達（1999）は疑問文の本質の特徴についての研究である。陳
述情報を伝達する疑問形式を有する文を考察対象にして、否定疑問

文、「ではないか」表現形式、確認要求「だろう」表現形式などの陳述文から変形して情報要求機能を持つ文に対して、分析をした。

　宮崎（2005）は命題とモダリティという二つの方面から現代日本語疑問文（特に、疑いと確認要求）の疑問表現の形式と意味、機能について論述した。

　須藤・保坂（1975）は聴取実験で、平叙文・疑問文・感嘆文の弁別する物理的要素について考察を行った。その結果から、その要素の一つとして f0 の時間的変化、すなわちイントネーションがあることが確かめられた。すなわち、音声言語の超文節的要素の一つであるイントネーションによって平叙文・疑問文・感嘆文を弁別させる情報が伝えることを確かめた。

　中川（1995）は日本語とスペイン語を対照しながら、両言語における疑問文イントネーションの種類を考察した。疑問文のイントネーションの分類については、『話し言葉の文型（1）－対話資料による研究―』（1960）での記述と、鮎澤（1992）、中川・鮎澤（1994）で報告された疑問文イントネーションの特徴は文末1モーラでのピッチの急上昇にあり、YES-NO 疑問文の文末は2モーラ以上の語がある場合は一旦下降して上昇すると下降のない2種類のパターンがあり、WH疑問文では、疑問詞にピッチのピークがあり、その後のピッチ上昇は抑制され、AとB選択疑問文ではAとB両方の文末で上昇するということが挙げられた。

　稲垣滋子・佐藤由紀子・鈴木庸子（1999）は『しんにほんごのきそ』Ⅰの「か文」疑問文の文末イントネーションについて、共通語話者の発音をテープにとり、調査者3名が聴覚的印象から上昇調か非昇調か判定して分析した結果、文末が上昇調で発話されない場合があること、その要因として音声的特徴、コミュニケーション機能、

ディスコースのタイプの三つが取り出せることがわかった。また、調査者 3 名の間で、上昇と非昇の判定に不一致が起こること、その要因として「カ」の直前の音が無声化した場合に「カ」が強く聞こえ、これを上昇と取る聞き手がいること、コミュニケーション機能やディスコースの面から非昇調で発話される傾向の高い文はあいまいな調子になりやすく結果として判定がゆれることが示唆された。

　宋艶儒 (2004) は日本語のイントーションを文法イントネーションとプロミネンスにわけ、文法イントネーションは文末イントネーションともいい、長昇調、長平調、長降調、短昇調、短平調と弱平調に細分した。

　田中彰 (2005) は疑問の意図を表す上昇と副次的ニュアンスを表す終助詞ヨの付与された発話の上昇が同一形式なのかどうかを明らかにするために、収集されたデータに対して、分散分析による検定をした。その結果、疑問上昇と副次上昇は同一形式である。

　李紅艶 (2011) は日本語文末イントネーションは昇調、平調、降調という 3 種類に分けられる。そして、日本語の文末イントネーションのピッチ特徴は日本語の仮名「へ」の形のように高いピッチから低いピッチへ下降する。これは「への字パターン」という。

　文末上昇調イントネーションは、多くの言語において疑問を示すが、この現象が世界の各言語に共通しているかというと、必ずしもそうではない。例えば、ロシア語の疑問文では、ピッチがいったん急激に上昇し、その後下降する。ロシア人学習者の日本語における疑問文のイントネーションには、このような韻律的特徴の負の転移が見られることがある。また、ロシア語話者による疑問詞疑問文では、文末においてピッチが下降することから日本人には詰問調に聞こえ、威圧感を与えられる場合もある (鮎澤, 1991)。また、鮎

澤（1993a、b、c）は、談話ストラテジーとしても用いられる問い返し疑問文のイントネーションの練習が、アクセントおよび文末上昇イントネーションの習得に効果があると述べ、疑問文のイントネーションには一定の習得順序があることが示されている。

3.4.2学習者による日本語疑問文イントネーションに関する研究

日本語疑問文イントネーションに関する研究の中には、学習者の習得研究についての研究は鮎澤（1993）、鮎澤（1993a、b、c）、荒井（1995）、土岐哲・金秀芝（1997）、鮎澤（1999、2001）などがある。

鮎澤（1993）では、さまざまな母語の日本語学習者による疑問文のイントネーション習得状況の報告に基づいて、疑問文イントネーション習得段階を以下の七段階に分けた。

母語のイントネーションのままで発話する段階。

文末上昇調を習得し、すべての疑問文を上昇調で発話する段階。

疑問詞疑問文のイントネーションを習得した段階。

「〜ですか？」「〜ますか？」の文末「か？」の上昇調を習得する段階。

中高型アクセントと平板型アクセントに加わる上昇調の使い分けを習得した段階。

マイナス2型（—2型）アクセントの語末での上昇調を習得した段階。

マイナス2型（—2型）で最終拍が撥音または長母音の後半に当たる場合の上昇調を習得した段階。

荒井（1995）は京都に滞在し、日本語を研修中のアメリカ人英語母語話者18名に短い平叙文、疑問文、計14文を発話させ、疑問文イントネーション習得段階によって習得状況を調べた結果、段

階 3 の疑問詞疑問文 2 文の正答率が 66％、段階 4 の 2 文の正答率が
20％、段階 5 の 2 文の正答率が 47％、段階 (6) の 3 文の正答率が
26％である。段階 4 を省くと、段階が高いほど正答率が低くなって
いる。習得段階は疑問文イントネーションの難易度別に対応してい
ることが示された。段階 4 のテスト文「学生ですか？」「あした行
きますか？」文頭の「学生」「あした」は平板型アクセントである
が頭高型で発話されたために誤った例が多いのは疑問のフォーカス
が「学生」「あした」におかれたと思われ、英語の韻律規則の干渉
の可能性も考えられる。

　　土岐哲・金秀芝 (1997) は韓国語話者による「上昇を伴う日本
語倒置疑問文の習得タイプ」について考察を行い、五つのタイプを
まとめた。また、学習者の習得タイプから、イントネーションの指
導に際して、文全体の中での上昇部・非上昇部の位置関係などにつ
いて気づかせ、実現させるかを考えなければならないことが示唆し、
実際に指導する各段階での練習方法も紹介した。

　　鮎澤 (1999、2001) はフランス語を母語とする学習者の疑問イ
ントネーション習得段階を前述の会話文の日本語音声を分析して調
べた結果、フランス人学習者 4 名のうち、日本在住暦 14 年の学習
者は疑問詞疑問文のイントネーション習得が不完全で、習得段階は
(2) となるが、名詞句のアクセントの問題とするべきかも知れな
いと指摘された。日本語学習暦が日本での 2 年という学習者は文末
はすべて上昇し、習得段階としては (2) となり、フランスでの学
習暦 6 年の学習者、及び日本在住暦・日本学習暦とも 2 年の学習者
は習得段階としてはどちらも (1) であるということが示された。

　　これらの先行研究を踏まえた上で、マフカモヴァ (2004) はロ
シア語母語話者によるイントネーションの特徴を分析し、先行研究

で指摘されているように、母語干渉による文末ピッチの急激な下降が顕著であると述べている。しかし、その一方で、1）文中のピッチが平坦である、2）文末ピッチが文末拍で急激に上昇するという学習者独自の特徴も明らかにした。これらは、母語干渉だけでは説明できない特徴である。このため、イントネーションの習得研究においては、文末のみならず文中のピッチ全体も調査対象とする必要があるということが示唆された。

　邱（2004）では、広州方言を母方言とする日本語学習者の日本語のイントネーションを考察した結果、「学習者の発話に見られる「平板型＋上昇調」のイントネーションパターンの多用はある程度母方言の声調体系に影響される結果である可能性は否定できないとした。また、述語が起伏式アクセントの場合、学習者の発話は文末上昇が激しく、日本人話者との間に有意差が示されていることが明らかになっている。「起伏式アクセント＋上昇調」イントネーションパターンには学習者は慣れていない。」と述べられている。

　以上の研究をまとめてみると、日本語を習得する過程においては、学習者は母方言の影響を多少受けていて、疑問文の文末上昇調を習得し、疑問という発話意図は表現出来ているが、母語話者のような適切な疑問型上昇調が習得できるとはいえないことが分かる。また、アクセント型は疑問文イントネーションの習得に影響を与えたということも示唆された。しかし、これらの研究は主に「疑問」という発話意図を表現する疑問文イントネーションに注目して学習者の習得状況を考察しただけである。「疑問」以外に、「疑い」、「反問」などの意味を表す疑問文のイントネーションの習得状況はどうであるかはまだ分からない。

　これらの研究から、日本語疑問文の発話意図はイントネーショ

ンに関わっていることが分かった。イントネーションによって疑問文は「質問」以外に、「確認要求」、などのような意図を表すこともできる。本研究は疑問文の「質問」、「確認」、「反問」、「疑い」という四つの表現意図のイントネーションを対象にして、実験音声学角度から、中国人学習者の習得状況を考察したい。

　本研究は日本語疑問文の種類に立ち入らず、ただその中から、日常会話でよく使われる四つの意図を表す疑問文のイントネーションを取り上げ、それについて考察する。日本語の疑問文は文末に終助詞がついているのと、ついていない疑問表現があるが、本研究は終助詞がついている疑問文はその表現意図が限られていることを考えて、それを考察の対象にしないことにする。終助詞がついていない簡単な会話文を発話資料として、平叙文と対照しながら、学習者による日本語疑問文イントネーションの習得特徴を解明し、母方言中国語の韻律特徴との関係にも明らかにしたい。

3.5中国語疑問文イントネーションに関する研究
3.5.1中国語イントネーションの理論枠組み

　中国語は声調言語であり、声調とイントネーションの情報は発話のピッチ変化によって表されている。中国語イントネーションに関する研究は趙元任から始まったといっても過言ではない。

　趙元任（1929）は中国語のイントネーションはただいくつかの固定的な声調モードの繋がりではないと主張している。彼は中国語イントネーションを研究する初期には、単字の声調、中性イントネーション、モダリティイントネーションという三つの方面からそれを検討していた。また、趙元任（1933）は「音域」という概念を提出した。音域は変量で、声調とイントネーションが重なった結果で

あると主張した。今までの中国語イントネーション研究は大体この理論に基づいたものである。

　趙元任以後前世紀の 80 年代、国内には、中国語イントネーションに関する研究は少なく、80 年代以後はだんだん音声学の学界で、注目されていくようになった。この時期に、代表的な学者は沈炯と胡明揚である。沈炯 (1985) は声調とイントネーションは独立のピッチ体系、違う音響学的な形式を有している。イントネーションについては、文レベルの声調音域系列と定義するから、声調音域は語流の中にその高さと幅を変えることによってイントネーションを表す。伝統的な中国語イントネーションの観点が主張した陳述文のイントネーションが降調、疑問文が昇調ということは実際は音域の幅と高さの変化であることと、中国語のイントネーションは単線モードではなく、声調音域の音時変化の単線モード二本と独立変化する複線モード二本で実現されるという自分の新たな観点を述べた。胡明揚 (1987) は全句のモダリティは文末イントネーションで、文の最後のアクセント音節から、文の終わりまでのピッチ変化はイントネーションであると述べた。彼はイントネーションをピッチの高さ、すなわち高調、平調、低調三種類にわけ、文末イントネーションは声調起点の高さだけでなく、音長、音量にも関わることを指摘した。

　1990 年代には、劲松 (1992) は北京語のイントネーションは文末のアクセント音節におけるピッチ変化のことを述べた。イントネーションは声調と違う独立のシステムという観点は胡明揚に似ている。瞿靄堂、劲松 (1994) は北京語のイントネーションに対して、音響学的な研究をした。北京語のイントネーションは単純のピッチの韻律特徴であり、高イントネーション、やや低いイントネーション、低イントネーションの三種類があると主張した。呉宗済のイン

トネーション研究も趙元任のイントネーション理論に基づいたが、中国語のイントネーションの変化は「基調」にあり、調形ではないという点では趙元任と違う。

　21 世紀における学者たちは前の研究を踏まえたうえで、新たな理論を提出した。曹剣芬（2002）は呉宗済の観点に賛成し、趙元任が主張した「代数和」は基調の調階を指し、すなわち、音階の和、調形曲線の和ではないと自分の意見を提出した。林茂灿（2003）は「辺界調」という主張を提出した。具体的に言うと、疑問詞がついていない疑問文と陳述文は文のおわりにある韻律単語の最後のアクセント音節で区別される。彼は合成の方法でそれを証明した。疑問あるいは陳述モダリティを表すには、辺界 FD 曲線の特定斜率はピッチより重要であることを強調した。

　以上の研究は趙元任が提出した理論を受け継いで、発達したものといえる。しかし、趙元任はイントネーションと声調の理論の枠組みを作ったが、具体的な問題はまだ解決できていないので、深く研究するべきであると思う。その理論の枠組みは彼が主張した「代数和」、「ゴム効果」、「大波と小波」という観点である。呉宗済、沈炯と曹剣芬のイントネーションに関する理論はそれに基づいたものである。ところが、一部の研究者は「大波」と「小波」の重ねは文末だけにあると主張する。たとえば、胡明揚、劲松などのイントネーションが文末の音節の韻律のピッチ変化を指すという観点である。これで、中国語イントネーションに関して、全体イントネーションと文末イントネーションの違う学術的な観点があることがわかる。

　中国語イントネーションに関する研究を纏めてみると、「単線モード」という理論を主張した代表的な研究者は呉宗済と曹剣芬である。彼は「代数和」は基調の調階、即ち音階の和であり、音階の

変化は音域全体があがる、下降、拡大あるいは縮小することと言っていたが、高音線、低音線の各自の変化を考慮に入れていない。つまり、ひとつの変量で音域のすべての変化を表せる。「複線モード」の体表的な研究者は沈炯は音域の高音線と低音線は独立の変量であり、高音線の調整変化は語義の強化、低音線の調整変化はリズム構造一貫性に関わると指摘した。即ち、二つの独立変量を通じて音域の変化を表すことができると強調した。

3.5.2 中国語疑問文イントネーションに関する研究

理論的にいうと、各文にはそれなりのイントネーションがある。本研究での疑問文イントネーションはイントネーションによって違うモダリティを表すことができる。

3.5.2.1 中国語疑問文イントネーションの種類に関する研究

中国語疑問文に関する研究の中に、疑問文の種類については、呂叔湘、朱徳熙、林裕文、陸剣明、範継淹、邵敬敏などの学者はそれぞれの角度から、疑問文を分類していた。彼らの観点は中国語疑問文の代表的な分類方法といえる。

呂叔湘は疑問文の内部の各種類の派生関係から、朱徳熙は疑問文と平叙文との転換関係から、林裕文と陸剣明は疑問文の構造形式の特徴から、範継淹は疑問文の交際機能から疑問文を分類した。邵敬敏はすべての疑問文を「選択疑問文」と「特指疑問文」に分けた。

分類方法はそれぞれ違うが、その各種類の疑問文はお互いに関係していることも見られる。中国語疑問文イントネーションは文法構造と交際機能によって違う。中国語疑問文イントネーションに関する研究の中では、疑問文イントネーションを分類したうえで、それを研究したものが多い。

石佩雯 (1980) は疑問文のイントネーションを是非疑問文、特指、

正反、選択疑問文、憶測疑問文、反問疑問文に分け、それぞれの疑問文のイントネーションの特徴についても次のように自らの観点を主張した。

1）是非疑問文は高イントネーションで、文末は上昇している。

2）特指疑問文は全文のイントネーションはやや高く、文末は上昇していない。

3）憶測疑問文は全文のイントネーションは低く、文末イントネーションは下降している。

4）反問疑問文は高イントネーション、音域がやや幅広い、文末イントネーションは少し上昇している。

彼女は文末に注目して、イントネーションの特徴について述べたが、それだけではなく、文全体のイントネーションにも観察した。しかし、彼女の研究はただイントネーションについての感覚的な記述で、実験的な検証をしていない。

呉宗済（1982）は平叙文、疑問文、強調文という三分法に基づき、疑問文イントネーションを対象にして実験を行った。その結果、疑問詞、疑問語気詞などをついていなく、イントネーションだけで疑問というモダリティを表す文は文末イントネーションが高くなり、イントネーションの型が変わらなく、疑問詞がついている疑問文は文末イントネーションが上昇しなく、平叙文と同じであるということ。しかし、彼の研究では、疑問というモダリティを表す疑問文だけを研究対象にしたので、ほかのモダリティに対して全面的な考察を行っていない。

胡明揚（1987）ではイントネーションの使用範囲が専用範囲と活用範囲二種類に分けられ、疑問文のイントネーションは高調、その専用範囲は疑問詞「吗」を付いていない是非疑問文と選択疑問文

の前の節、活用範囲は三種類の文があると主張した。それは、疑問詞「吗」が付いている是非疑問文は疑問イントネーションが文の内容への疑いを表し、疑問詞が付いている特指疑問文と正反疑問文は疑問文イントネーションが強調か問詰めを表すということが報告されている。彼は疑問文の使用範囲から疑問文の種類に対して、考察することは当時では、比較的新しい研究成果といえる。

劲松（1992）はモダリティによって疑問文を分類し、詰問、質問、訝る、確認などのモダリティを表すと主張した。分類方法が違うが、研究の結果は胡明揚と呉宗済の研究に似ているところがある。

邵敬敏（1996）は新しい分類、選択システムを提出した。彼は疑問文を是非選択疑問文と特指選択疑問文に大きく分けた。また、是非選択疑問文を単項是非選択疑問文と双項是非選択疑問文、特指選択疑問文を有定特指選択疑問文と無定特指選択疑問文に細かく分類した。

王娟（2011）は中国語疑問文が表す疑問文モダリティの範疇の違いによって、疑問文を語調問、句法問、語彙問に細分した。語調問は疑問モダリティが音韻面で弁別できる文、語彙問は疑問文モダリティが語彙で体現できる文、句法問は疑問文モダリティが句法で弁別できる文という。

要するに、疑問文イントネーション種類の分類については、研究者によって違う。疑問文イントネーションが文の伝わる疑問文情報にかかわっていることでは、各研究者の意見が一致する。例えば、文の中には疑問詞が付いていて疑問情報を表す場合、疑問イントネーションを使わない。疑問詞など付いていない場合、疑問情報を表すために、疑問イントネーションを使わなければならないということ。

本研究においては、文の文末の音の高さの変化に注目している

ので、「狭義には、漢字の声調を含めて、全句における音の高さの変化を指す。」『現代日本語』という定義に従う。本研究は中国語疑問文の種類を論じるものではなく、日本語疑問文と対照するために、「質問」「確認」「反問」「疑い」という四つの意図を表す中国語疑問文のイントネーションの特徴は学習者の第二言語の習得に影響を与えるかどうかを考察し、さらにその原因を究明する。

3.5.2.2 中国語疑問文イントネーションのピッチ模型

疑問文イントネーションのピッチ模型について、研究者の観点もそれぞれである。

沈炯（1992）は疑問文のイントネーションの構造では、高音線が少しずつ下降していき、低音線の起伏度が小さく、文末が低いが、陳述文より高いと述べた。沈炯はそれからの研究の中に、疑問文イントネーションを散焦型と集焦型に分類し、散焦型は前文の内容への質問、集焦型は一般的には、個別の単語の内容への質問と説明したが、この二種類の疑問イントネーションのピッチ形式がどんな違いがあるかについては論じていない。

陸亜民（1995）は疑問文のイントネーションの特徴は文末述語のピッチが上がることを実験で証明された。これは沈炯の仮説も裏付けた。彼の研究は疑問副詞が疑問文イントネーションに影響を与え、疑問語気詞と疑問副詞が付いていない場合、疑問イントネーションの特徴がはっきり見られるが、疑問副詞がある場合、語義重心が前に移し、ある程度では、疑問文イントネーションの特徴を弱めた。

中国語疑問文を比較対象にしたものは高美淑（1999）、曹剣芬（2002）、王安紅（2003）などがある。彼女は疑問文と比較して、命令文に対して、実験的な研究をした。その結果、疑問文は低音線の上昇ぶりが激しく、命令文の上昇振りが緩やかである。曹剣芬

　(2002) は疑問詞のない簡単疑問文を陳述文と比較した。このような疑問文の平均ピッチは陳述文より高く、イントネーション輪郭は上昇あるいは平らであるが、陳述文は下降であることを述べた。王安紅 (2003) は疑問文全体のピッチ変化幅、特に中間音歩ピッチの変化幅は相対的に小さいことと、疑問文文末音歩の高音点は前音節の高音点より高いが2声と3声の低音点は陳述文に似ていて、低音点の変化は陳述文より小さいことを指摘した。

　これらの研究から見ると、中国語疑問文イントネーションにおける観点はピッチ曲線の上昇をめぐって意見が違う。単線モード観をもつ呉宗済と曹剣芬はこの「上昇」は基本周波数の上昇、全体音階の上昇である。複線モード観をもつ沈炯は高音線の下降と低音線の上昇で表現する。彼の学生高美淑と王安紅の実験結果は彼の仮説を支持した。

　近年、音声ソフトが使いやすくなり、高性能のソフトが無料で利用できるようになったおかげで、個人のコンピュータで大量の音声データを分析することも可能になった。そのため、音響音声学的面から考察をなされたイントネーションの研究が大いに進展した。そのような研究をあげると、合成音声の方法で、疑問文イントネーションを音響音声学的な考察を行った研究は蒋丹寧 (2003) 、伍艶紅 (2007) 、阮呂娜 (2004) 、陳茸、石媛媛 (2009) などがある。

　蒋丹寧 (2003) は音声合成の方法で、疑問文の音響学的な特徴をそれと相当の陳述文にコピーし、それを音声資料にして知覚実験を行った。その結果、基頻曲線包絡と平均基頻特徴はモダリティの感知と分類において重要な役割を果たしている。また、音響学的な特徴とモダリティの放射関係は文末の音節アクセントにかかわるということも示唆された。

　　伍艶紅（2007）は実験音声学的な手法を使い、会話文を発話資料にして、音声分析ソフト Pratt と Speeeh からその発話資料の F0 のピッチ曲線と発話全時間の数値を抽出し、中国語疑問文の韻律 (高さと時間長) を分析し、さらに平叙文と比較し、イントネーションの韻律特徴の違いを見出した。最後に、知覚実験で、以下の結論が導かれた。

　　(1) 語気助詞のない疑問文は語気助詞のある疑問文より、ピッチが高く、時間が長い。

　　(2) 音の高さと、時間長は平叙文と疑問文とは違う。

　　(3) 疑問文の韻律は疑問語句の影響をうける。

　　(4) AM 理論を使って中国語疑問文を分析することができる。中国語疑問文のピッチの変化は文の最後の単語の韻律で表す。

　　阮呂娜（2004）は音響学的特徴と感知特徴から、中国語疑問文のイントネーションを考察した。各種類の疑問文を平叙文と比較し、違う疑問文にも対比した結果、疑問音調は文末の音の高さだけでなく、全文の音の高さで実現し、語気助詞のない疑問文は語気助詞のある疑問文より平叙文のイントネーションとの差が大きく、疑問詞のない疑問文は聴取者にとって疑問と判断するのは難しい。

　　伍艶紅（2007）と阮呂娜（2004）は両方とも実験音声学的角度から、現代中国語の疑問文イントネーションを考察したものであるが、二人はただ実験分析の結果を記述しただけで、音声面の現象分析にとどまり、その結果の原因については考察していない。

　　陳茸(2009)は中国語標準語疑問文イントネーションに対して、音声学的な実験分析を行い、実験音声学的な手段で語気助詞「吗」をつけない是非疑問文、特指疑問文と疑問句法構造という 3 種類の疑問文と陳述文のイントネーションを比較した結果、この 3 種類の

疑問文の中では、語気助詞「吗」をつけない是非疑問文のイントネーションが一番強く、語気助詞「吗」をつける是非疑問文が二番目で、疑問句法構造の正反疑問文イントネーションが一番弱いということである。

王萍、石峰（2010）は北京語疑問文イントネーションの上昇度について研究を行い、調域と調群調域のピッチ表現を考察し、陳述文イントネーションのピッチ表現と比較したあと、疑問文の調域が全体的に高くなる同時に文末の調群の後字調の幅も大きくなり、文末調群の調域が全文の調域をカバーさせたことは疑問文イントネーションのピッチ表現の重要な特徴だということが見られた。

李暁朋（2011）は中国語標準語の焦点疑問文のイントネーションに対して音声学的な分析を行った。その結果として、焦点音節の調域と調階は非焦点文同位置音節の調域と調階より多いということが表明された。

陳茸（2009）と王萍、石峰（2010）は両方とも陳述文との比較を通して、中国語疑問文と北京語疑問文の音声特徴を分析した。李暁朋（2011）は焦点疑問文に注目し、音声的な手段を使い、そのイントネーションの特徴を解明した。これらの研究は各種類の疑問文イントネーションの音声特徴に関するものである。それだけでなく、疑問文イントネーションが果たす談話機能について考察した研究は関（2005）と関（2006）などがある。

関（2005）は二種類の疑問文において上昇調が果たしている談話機能について考察した結果：

1）"是不是"、"対不対"、"好不好"、"怎么様"型の文末付加型疑問文において、話者の聞き手に対する強い「同意要請」が意図される場合には、いずれも文末がやや上昇することが観察さ

れた。

　2）イントネーション疑問文が発言の冒頭に現れた場合には相
手の話を引き継ぐ応答型の機能を持ち、発言の最後に現れる場合に
は聞き手に意見を求める呼びかけ型の機能を持ち、単独で現れる場
合には、応答と呼びかけのどちらにもなりうることを指摘した。

　3）話題だけを述べて題述の部分を省略したような疑問文を「題
述省略疑問文」と名付けた。さらにこの疑問文は、文音調は高く、
文末は平板調から上昇調、かつ文末を長く伸ばすという特徴を持つ
ことを指摘した。

　関（2006）は正反タイプを中心にして中国語における文末付
加型疑問文のイントネーションに関して、音声分析ソフトによる比
較・分析を行い、その音声上の特徴、およびこの種の疑問文に見ら
れる文末の上昇イントネーションと話者の心的態度の関係について
考察してみた。関（2005、2006）は中国語疑問文における上昇イン
トネーションが果たす談話機能、話者の心的態度について考察した
研究であるが、疑問文におけるほかの非上昇イントーションについ
て考察していない。

3.5.2.3 中国語イントネーションの習得研究

　中国語イントネーションの習得研究は研究方法によって、伝統
的な方法と実験的な方法で考察するものがある。伝統的な方法を使
用する研究は張朋朋、徐魯民（1981）、孟国（1990）、郭錦桴（1993）、
王魁京（1996）、王幼敏（1998）、王敏 & 孫凤波（2003）、唐玉萍（2008）
などがある。これらの研究から、外国人学生によるイントネーショ
ンは声調、ポーズ、プロミネンスにおける問題が多く、文末と文頭
のイントネーションは自然ではないことがわかった。さらにその原
因について、母語のマイナス転移、目標語の知識のマイナス転移、

教学あるいは訓練の問題などが指摘された。

　実験的な方法での研究は大体音声学的な分析を行った。近年、実験音声学の発展とともに、多くの研究者はある母語の学習者に対して、実験分析を通して、中国語イントネーションの習得状況を考察した。伦茜（2010）はタイ人留学生と中国人学生の中国語疑問文イントネーションを比較して、タイ人留学生の疑問文イントネーションの習得特徴を解明した。高涵（2009）はタイ人留学生による疑問文イントネーションは時間長と調域に中国人学生と差があることを指摘した。陳翠珠（2006）はベトナム語、ベトナムの中国語標準語と中国語標準語が陳述文、疑問文、感嘆文、命令文におけるイントネーションの差異を対象にして分析を行った。石林（2012）は音声実験で、アメリカ人学生は調群内部の単字調の調型と調階、字調域が調群調域内部での位置及び各調群調域が文調域での起付などにおいて、母語話者と違うところがあることが検証された。陳文芷（1994）は中国語と日本語の疑問文イントネーションを比較した結果は日本人の中国語疑問文と回答の同一語のピッチ変化は目立たなく、アクセントとイントネーションの関係をうまく把握できないことを示した。渋谷周二（2004）は日本人学生が中国語のプロミネンスを習得する時に、中国人母語話者よりプロミネンス部分の発音は短いことが実験で検証された。劉藝（2012）は中国語初心者における陳述文と否定文のイントネーションの習得問題を考察した結果から、全調域、調群調域、イントネーション起付度、イントネーションパターン、アクセントがイントネーションでの表現などの面においては、差があるということがわかった。

第4章　音声実験

　1990 年代以降はパーソナルコンピュータの性能の向上により、音声データを録音・再生・保存する音声データの処理が可能になり、個人や研究機関がネットワークを通じてフリーウェアやシェアウェアを公開していることで、音声分析を行うことが極めて容易になった。20 世紀の後半から音響音声学は音響ソフトウェアの改良、種々の測定機械の開発で、大いに進展した。音声の研究においても、パソコンなどの機器を用いて、自然科学的に実証する新しい手法を導入するものが多くなった。本研究においても、音響音声学的な手法を用い、音声データを録音、保存、分析することにした。

　本章では、本研究において、行われた実験の枠組みや方法、用いた実験装置について記述する。まず、実験の目的、方法、被験者の選定、発話資料の作成について述べる。次に、録音の手順、録音環境と録音機械、音声資料の作成、分析方法について明記する。

4.1音声の収録
4.1.1 前提
　疑問文の文法的な問題には立ち入らず、ただ、音声言語の面でこの課題について実験音声学の立場で考察したい。
4.1.2 目的
　実験の目的は疑問文のイントネーションを課題に、中国人学習

者の日本語イントネーションの特徴を観察するとともに、それを日本人母語話者の音声と比較することによって、学習者が母語話者とどのような相違点があるかについて実験音声学の立場で考察する。さらに、その原因についても考察してみる。また、音響音声学的手段で、中国人日本語学習者による疑問文のイントネーションの特徴を解明した上で、母方言の疑問文のイントネーションの特性が日本語文末イントネーションの習得に影響を与えるかどうかを考察する。

4.1.3 音響実験方法

インフォーマントとして日本人母語話者 8 名、中国語を母語とする日本語学習者 12 名に依頼し、母語話者と学習者には日本語の疑問文と、学習者には、更に中国語の疑問文を録音してもらう。分析したデーターは統計分析を施す。統計分析より、母語話者と学習者が生成した日本語の文と、学習者が生成した中国語の文を弁別するのに関与する音響的な特性はそれぞれ違うということを判明する。

4.1.3.1 被験者

本研究ではインフォーマントとして母語話者 8 名、学習者 12 名（大学二年生、学習時間二年半以上）、合計 20 名である。被験者を選定する際に、母語話者の場合、東京方言の対照モデル音声を作成するために、「日常生活で東京方言を母語とするあるいは標準語がうまくできる」ことを選定条件とする。

学習者の場合、方言に影響される可能性を排除するために、以下の三つの条件を前提とする。

① 三世代中国北方生まれ北方育ちであること。

② 幼少時、特に言語形成期には、引越しなどの移動歴がないこと。

③ 日常生活では、基本的に中国北方方言が母方言となること。

4.1.3.2 発話資料

発話資料を作成するにあたり、次の事項を考慮に入れる。

①本稿では発話資料はごく単純な形の動詞述語文に限定する。

②文末の最後の単語の高さは、そのイントネーションを決定する一つの要因であるので、述語アクセントを考慮に入れたうえで、実験に使われる発話資料はなるべくピッチ曲線をうまく抽出できる、有声連続音声からなっているものを選ぶ。

③音声分析においては、長い文を素材にするのが理想的であるが、文の統語構造などが文の長さに関わっているので、本稿において、普通体の短い単文を選定し、改まった文体、「です・ます」体、複文を除く。

④文末のイントネーションは前接の語句に対して順接であるので、無核（平板型）の語には高いイントネーションのまま接続し、有核（頭高型・中高型・尾高型）の語には低いイントネーションのまま接続する。したがって、本稿は以下のとおり、疑問文の文末述語が有核と無核の2種類の文に分けて発話資料を用意した。また、できるだけ自然さを出すために、会話体で構成されている。東京方言の動詞のアクセントについて、『NHK発音アクセント辞典　改定新版』（日本放送教育協会編、1998）、『明解日本語アクセント辞典　第二版』（三省堂、1989）に従う。

⑤国語の発話資料は日本語と対照するために、文末の述語の声調は四声と四声ではないという2種類に分けて用意する。

発話例：

日本語：

(1)　（質問）　A：これ、みる？

　　　　　　　B：うん、みる。　　　　　　　（述語が有核、二拍）

(2) (反問) A: これ、みる？

　　　　　　B: みるよ。　　　　　　　　　　　（述語が有

核、二拍）

(3) (確認) A: これ、みる？

　　　　　　B: ええ。　　　　　　　（述語が有核、二拍）

(4) (疑い) A: これ、みる？

　　　　　　B: うん、みるよ。　　　（述語が有核、二拍）

(5) (質問) A: これ、要る？

　　　　　　B: うん、要る。　　　　（述語が無核、二拍）

(6) (反問) A: これ、要る？

　　　　　　B: 要るよ。　　　　　　　　　　　（述語が無

核、二拍）

(7) (確認) A: これ、要る？

　　　　　　B: ええ。　　　　　　　（述語が無核、二拍）

(8) (疑い) A: これ、要る？

　　　　　　B: うん、要るよ。　　　（述語が無核、二拍）

中国語：

（1）这个、你买？/我买。　　　　（質問）

（2）这个、你买？/我当然买呀。　（反問）

（3）这个、你买？/嗯、我买。　　（確認）

（4）这个、你买？/嗯、我买啊。　（疑い）

（5）这个、你要？/我要。　　　　（質問）

（6）这个、你要？/我当然要呀　　（反問）

（7）这个、你要？/嗯、我要。　　（確認）

（8）这个、你要？/嗯、我要啊。　（疑い）

4.2音響的分析

4.2.1 録音の手順

　　選定した発話資料を日本語と中国語に分けて、全部の文を用意した紙にランダム方式で記する。録音は、1 文につき 6 回、全部ランダム方式で録音してもらう。つまり、日本語は 8×6 = 48、中国語は 8×6 = 48 の発話サンプルが得られる。これらの発話を自然な形で得るため、あらかじめ用意した発話資料を被験者に渡し、各文の場面を想像しながら練習するように依頼する。また、読み上げに際して、話しかけるような調子で発音するように指示する。録音は間に休憩を挟まずに一度に行い、間違いがある場合は一文の初めからやり直してもらう。日本人母語話者は日本語文 8 文を録音し、学習者は全部で 16 文を録音する。

4.2.2 録音環境と録音機材

　　録音機械は、SONY PCM-D50 リニア PCM レコーダーであり、収録に際して周波数を 48kHz の wave ファイル化されたデジタル音声にする。

4.2.3 音声資料の作成

　　収録した音声を CD に保存し、コンピュータに取り込んだ後、シェアソフト COOL EDIT2000 を用いて、wave ファイル化、ダウンサンプリング、および個々のデータへの切り分けを行う。そして、wave ファイル化された音声データに対して、音声分析ソフトの Praat により分析して、基本周波数（F0）のピッチ曲線を抽出し、発話全時間長、文末の上昇起点、文末の上昇終点、文末上昇持続時間などの数値を測定する。また、得られたデータの一部は SUGI ソフトにより検証する。

4.2.4 分析方法

　本研究では性差などについて、立ち入らないと断っておきたい。また、声の高さには個人差もあるので、音響音声学的分析においては、土岐（1990、1997）と呉宗済（1985、1990、2008）の計算方法が妥当ではないかと考えられる。したがって、上述のようにして得られたデータを土岐と呉宗済の分析方法（以下の通り）により、文末の上昇割合と上昇度、半音値を測る。

　「上昇割合」＝文末上昇の終わりの高さ ÷ 上昇の初めの高さ

　「上昇度」（Hz/ms）＝上昇幅（Hz）（文末上昇の終わりの高さ－初めの高さ）÷ 文末上昇持続時間（ms）

　土岐（1990、1997）によると、上昇割合は 1 を境界に文末イントネーションは上昇しているかどうかを判断するものであるが、例えば、上昇割合のデータが 1 より大きい場合は、文末イントネーションが上昇していると見なされる。一方、上昇度は上昇イントネーションの度合いを表す目安とされるものである。本研究では、母語話者及び学習者の発話における上昇割合と上昇度の平均値に近いものを分析の対象とする。さらに、それらの平均値に対し、統計処理を施し、有意差の有無を調べてみる。

　呉宗済（1985、1990、2008）はヘルツという単位で計算された調域の高低音階、音域幅の変化が大きいので、半音に変換すると、調域が一致すると主張した。李愛軍（2005）では半音の換算は対数を基にして、人間の聴覚に対応し、心理と音声学の対応関係を反応するのに適するイントネーション研究単位であると指摘されている。したがって、本研究は母語話者と学習者の音声資料を対数的な処理をし、ヘルツを半音値に変換した後、両方による疑問文イントネーションの調域の違いを考察してみる。

　ヘルツから半音に変換する計算公式：

　St=12×19(f/fr)　月 92(1)

　（"f" ヘルツ数値　"fr" 参考周波数を表し、64 ヘルツに設定される。）

第5章　音声分析

　　本章では、実験分析にあたって、日本人母語話者と対照しなが
ら、質問、反問、確認、疑いという四つの意味を表す発話文を区分
して取り扱うことにする。そして、各発話におけるイントネーショ
ンに対し、全文のイントネーション、文頭イントネーション、文末
イントネーションに分け、音声分析ソフト SUGI でそれぞれの発話
部分の時間長、ピッチの最高点、最低点、疑問文文末イントネーシ
ョンの上昇起点、上昇終点のピッチ、そして上昇持続時間に注目し
て分析する。ピッチの基本周波数の単位はヘルツ（Hz）、時間長の
単位はミリ秒（ms）にする。被験者の声帯の厚さ、長さによって、
そのピッチの基本周波数が違うため、統計分析を処理することがで
きない。それで、本研究でのすべての音域は国際で通用している半
音値（semitone）を使う。

　　基本周波数を半音に変換する計算公式は以下のようである。

St = 12 × log2 （ F_0 ／ F_0ref ） （1）

　　公式（1）の St は半音値で、F_0 は最高点或いは最低点の基本周
波数、F_0ref は参考する基本周波数（本研究では、被験者の中での
最低の60）。最大値マイナス最小値（半音値）はこの文或いは発話
部分の音域。

　　文末イントネーションの上昇度の計算公式は次のとおりであ
る。

$$k = \triangle F / \triangle T = (F_e - F_i) / (T_e - T_i) \quad (2)$$

式（2）の k は上昇度、T_i は上昇起点、T_e は上昇終点の時間長、起点から終点までの持続時間長 $\triangle T = T_e - T_i$、F_i は上昇起点、F_e は上昇終点の基本周波数、起点から終点までの基本周波数の差は（ピッチレンジ、F_0Amplitude）$\triangle F = F_e - F_{io}$。

5.1述語アクセントが無核語の場合

本節では、質問、反問、確認、疑いという四つの意味を表す疑問文のイントネーションについて考察する。考察は述語アクセントが無核語、有核語の順に進めていく。被験者の中で、外部の干渉、被験者の声の高さなどで有効な数値が得られないため、今回の実験分析の対象から除外する。

5.1.1 質問を表す「これ、いる？」におけるイントネーション

「これ、いる？」という発話文では、述語「いる」のアクセントは平板型アクセントである。

5.1.1.1 日本人母語話者の場合

ここでは、母語話者 1 名の方の発話を分析の対象とすることにした。なお、分析されるものはその話者による発話文の平均値に最も近いものとする。

先ず、JP1 の発話（図 5-1 参照。図中で各音節をローマ字で表記する。以下同様）の特徴を観察してみよう。

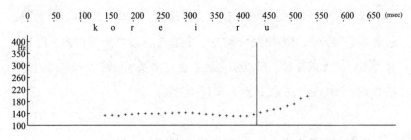

図5-1　JP1「これ、いる?」のピッチ曲線

　　「いる」は平板型アクセントの語であるので、JP1の発話では
「いる」という言葉の二拍目「る」のところから上昇していく。上
昇起点は134Hzで、上昇終点は199Hzで、上昇持続時間が215ms
である。上昇度の平均値は0.30である。また、上昇終点は文のピー
クであることも観察できる。全文の最高点と最低点のピッチレン
ジは9.92、文頭のピッチレンジは1.17、文末のピッチレンジは6.82、
述語「いる」のピッチレンジは9.62、「これ」のピッチレンジは2.14
である。文の各発話部分「い」、「る」、「いる」、「これ」と全
文との比率（時間長において）を計算すると、0.2、0.44、0.64、0.36
という数値が得られた。

　　JP2、JP3、JP4、JP6（図は省略する）のピッチ曲線はJP1のそ
れに似ているが、「いる」の母音「u」の部分から上昇していくこ
とがはっきり観察される。文のピークはいずれも「る」の終わりの
ところに現れる。日本人母語話者の上昇度表5-1に示す。

表 5-1 「これ、いる？」の上昇割合と上昇度（日本人母語話者）

発話者	JP1	JP2	JP3	JP4	JP6
上昇割合	1.48	1.5	1.33	1.43	1.41
上昇（Hz/ms）	0.3	0.3	0.22	0.22	0.21

　（この発話文においては、日本人母語話者 JP5 の声が非常に低くなって、ピッチ曲線の抽出がうまくできないので、ここでは排除する。）

　日本人母語話者 5 人の発話の特徴をまとめてみると、述語が平板型アクセントの「これ、いる？」という発話のピッチ曲線では、文末の上昇終点は文全体の最高点となっている。しかも、文末の上昇が [ru] の母音「u」のところから始まり、上昇する傾向がはっきり見える。そして、「これ、いる？」のピッチ曲線では、「これ」は緩やかに上昇し、「い」のところ少し下降し、「る」の部分からまた上昇していくのが観察される。最後に、日本人話者それぞれの文末上昇度の数値を見ると、5 人平均でばらつきが小さい。

5.1.1.2 中国人学習者の場合

　まず、学習者 DXH の発話を例にして見る。

　図 5-2 を見て分かるように、文全体の上下変化が日本人母語話者より激しく、その発話起点がかなり高いことが観察できる。文末は「る」のところから上昇していく。文末の上昇起点は207Hz で、上昇終点は286Hz である。文の上昇終点は文の最高ピッチとなっている。全文の最高点と最低点のピッチレンジは7.03、文頭のピッチレンジは1.59、文末のピッチレンジは5.45、述語「いる」のピッチレンジは6.98、「これ」のピッチレンジは2.64 である。文の各発話

部分「い」、「る」、「いる」、「これ」と全文との比率（時間長
において）を計算したら、0.08、0.17、0.27、0.31 という数値が得
られた。中国人学習者の各上昇度の平均値は表 5-2 のとおりである。

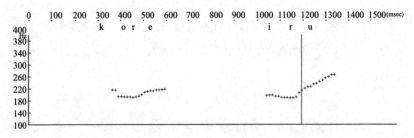

図 5-2　DXH「これ、いる？」のピッチ曲線

表 5-2　「これ、いる」の上昇割合と上昇度（中国人学習者）

発話者	DXH	NL	QPP	WF	WZ
上昇割合	1.38	1.46	1.16	1.42	1.25
上昇（Hz/ms）	0.51	0.77	0.26	0.62	0.28

　（この発話文においては、中国人学習者 ZJY の声が非常に低く
なって、ピッチ曲線の抽出がうまくできないので、ここでは排除す
る。）

　日本人母語話者（表 5-1）と学習者（表 5-2）の上昇度に対し
て施した t 検定の結果：T=－2.37 、 P=0.04（信頼区間は 0.95、
以下同様）で統計的有意差が見られた。

　5.1.1.3 まとめ

　以上、中国人学習者による質問を表す発話文「これ、いる？」
のピッチ曲線を分析してきたが、次のようなイントネーションの特

徴がまとめられる。

　1）学習者の場合、文全体からみると、上下変化は日本人と比べて、激しいことが観察できる。音域平均値については、中国人学習者の全文調、文頭、文末イントネーションの音域平均値はそれぞれ、6.65 、1.93 、 4.93 である。それに対して、日本人の音域平均値は 9.37、0.86、 6.35 である。全文調と文末イントネーションにおける音域平均値は日本人母語話者と比べて、中国人学習者の方が小さいということがわかる。

　2）全文の時間長においては、日本人の場合は、全文の時間長は 673.61、文頭の時間長は 84.38、文末の時間長は 250.43 である。その一方、中国人の全文、文頭、文末における発話の時間長はそれぞれ、813.89 、110.53 、212.89 である。文末の持続時間が母語話者より縮んでいる。

　3）文末イントネーションパターンは、前の平板型である述語のイントネーションに順接していったん下降していたが「いる」の母音「u」のところからまた徐々に上昇していくことは学習者と母語話者が共通している。

　4）学習者と母語話者の上昇度に対して t 検定を施してみた結果、有意水準 5% で日本人母語話者との間に有意差が検出された。

5.1.2 反問を表す「これ、いる？」のイントネーション

　次に反問を表す「これ、いる？」のイントネーションの特徴を観察する。

5.1.2.1 日本人母語話者の場合

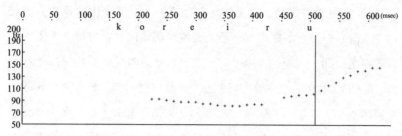

図5-3　JP3「これ、いる？」のピッチ曲線

　JP3「これ、いる？」のピッチ曲線を観察してみると、以下の特徴が見られる。

　1）述語アクセントが平板型であるので、文末イントネーションパターンは「いる」の母音「u」のところから上昇していく。

　2）文末の上昇起点は102Hzで、上昇終点は166Hzである。文の最高点は文の上昇終点と重なっている。

　3）文末上昇の持続時間は192msであり、文全体の3分の1を占めている。

　4）日本人母語話者による「これ、いる？」の「の」の上昇度の平均値は表5-3に示してある。

　5）ピッチレンジについては、全文の最高点と最低点は11.77、文頭は2.05、文末は8.28、述語「いる」のピッチレンジは10.98、「これ」のピッチレンジは4.89である。文の各発話部分「い」、「る」、「いる」、「これ」と全文との比率（時間長において）はそれぞれ、0.16、0.45、0.35、0.59である。

表5-3　「これ、いる」の上昇割合と上昇度（日本人母語話者）

発話者	JP1	JP2	JP3	JP5	JP6
上昇割合	1.46	1.79	1.61	1.34	1.35
上昇度（Hz/ms）	0.35	0.38	0.33	0.42	0.22

　　（この発話文においては、日本人母語話者 JP4 の声が非常に低くなって、ピッチ曲線の抽出がうまくできないので、ここでは排除する。）

5.1.2.2 中国人学習者の場合

　　学習者 DXH のピッチ曲線（図5-4 参照）では、述語「いる」の「い」のところから緩やかに下降する傾向がみられる。「る」は「い」の後に低く接続し、母音「u」のところから上昇していく。文末の上昇起点は212Hz であり、終点は282Hz である。文のピークは「いる」という単語の二拍目にあり、文末の上昇終点である。また、上昇度の平均値は0.44 である。全文の最高点と最低点のピッチレンジは6.6、文頭のピッチレンジは1.21、文末のピッチレンジは4.92、述語「いる」のピッチレンジは6.48、「これ」のピッチレンジは2.75である。発話部分「い」、「る」、「いる」、「これ」と全文との比率（時間長において）はそれぞれ0.07、0.18、0.31、0.27 である。学習者全体の上昇度は表5-4 のとおりである。

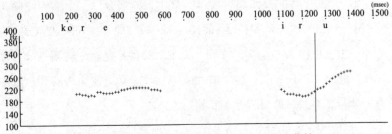

図5-4　DXH「これ、いる？」のピッチ曲線

表5-4 「これ、いる?」の上昇割合と上昇度(中国人学習者)

発話者	DXH	NL	QPP	WF	WZ
上昇割合	1.33	1.55	1.14	1.48	1.59
上昇(Hz/ms)	0.44	0.7	0.29	0.72	0.56

(この発話文においては、中国人学習者 ZJY の声が非常に低くなって、ピッチ曲線の抽出がうまくできないので、ここでは排除する。)

日本人母語話者(表 5-3)と学習者(表 5-4)の上昇度に対して施した t 検定の結果:T=－2.31 、 P=0.05(信頼区間は 0.95、以下同様)で統計的有意差が見られた。

5.1.2.3 まとめ

以上、中国人学習者による反問を表す発話文「これ、いる?」のピッチ曲線を分析してきたが、次のようなイントネーションの特徴がまとめられる。

1) 音域平均値については、中国人学習者の全文調、文頭、文末イントネーションの音域平均値はそれぞれ、7.71、2.73、5.80 である。それに対して、日本人の音域平均値は10.89、1.6、9.33 である。文全体と文末イントネーションにおける音域平均値は日本人母語話者と比べて、中国人学習者の方が小さいことがわかる。

2) 全文の時間長においては、日本人の場合は、全文の時間長は1010.73、文頭の時間長は 90.15、文末の時間長は384.82 である。その一方、中国人の全文、文頭、文末における発話の時間長はそれぞれ、869.18、106.65、221.07 である。文全体と文末の時間長は中国人学習者の方が母語話者より縮んでいる。

3) 文末イントネーションパターンは、述語「いる」の「い」

のところから緩やかに下降し、「る」の母音「u」のところからま
た上昇していく様子が観察される。文末の上昇ぶりは質問より激し
いことが見られる。

　4）学習者と母語話者の上昇度に対して t 検定を施してみた結
果、有意水準 5% で日本人母語話者との間に有意差が検出された。

5.1.3 確認を表す「これ、いる？」のイントネーション

　本節では、日本人母語話者と中国学習者による確認を表す「こ
れ、いる？」のイントネーションの特徴を観察する。

5.1.3.1 日本人母語話者の場合

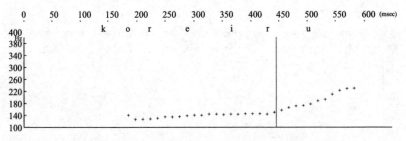

図 5-5　JP5「これ、いる？」のピッチ曲線

　日本人母語話者 JP5 の発話では「いる」という言葉の二拍目「る」
のところから緩やかに上昇していく。上昇起点は 156H z で、上昇
終点は 229H z である。また、上昇終点は文のピークであることも
観察できる。全文の最高点と最低点のピッチレンジは 9. 64、文頭の
ピッチレンジは 0. 39、文末のピッチレンジは 6. 73、述語「いる」
のピッチレンジは 8. 1、「これ」のピッチレンジは 1. 60 である。文
の各発話部分「い」、「る」、「いる」、「これ」と全文との比率（時
間長において）を計算したら、0. 12、0. 36、0. 48、0. 49 という数値

が得られた。日本人母語話者の上昇度表 5-5 に示す。

表 5-5　「これ、いる?」の上昇割合と上昇度 (日本人母語話者)

発話者	JP1	JP2	JP3	JP5	JP6
上昇割合	1.36	1.47	1.31	1.48	1.43
上昇 (Hz/ms)	0.28	0.27	0.19	0.32	0.12

　　(この発話文においては、日本人母語話者 JP4 の声が非常に低くなって、ピッチ曲線の抽出がうまくできないので、ここでは排除する。)

5.1.3.2 中国人学習者の場合

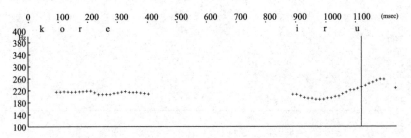

図 5-6　DXH「これ、いる?」のピッチ曲線

　　学習者 DXH のピッチ曲線 (図 5-6 参照) から、述語「いる」の「い」のところから下降する傾向が観察される。「る」は「い」の後に低く接続し、母音「u」のところから上昇していく。上昇ぶりは緩やかであることがみられる。文末の上昇起点は 213Hz であり、終点は 256Hz である。文のピークは「いる」という単語の二拍目にあり、文末の上昇終点である。また、上昇度の平均値は 0.37 である。全文の最高点と最低点のピッチレンジは 5.41、文頭のピッチレンジは 1.49、文末のピッチレンジは 3.82、述語「いる」のピッチレンジは

5.32、「これ」のピッチレンジは 2.36 である。発話部分「い」、「る」、「いる」、「これ」と全文との比率（時間長において）はそれぞれ 0.08、0.18、0.33、0.28 である。学習者全体の上昇度は表 5-6 のとおりである。

表 5-6　「これ、いる？」の上昇割合と上昇度（中国人学習者）

発話者	DXH	NL	QPP	WF	WZ
上昇割合	1.25	1.3	1.16	1.39	1.16
上昇（Hz/ms）	0.37	0.47	0.29	0.63	0.27

　　（この発話文においては、中国人学習者 ZJY の声が非常に低くなって、ピッチ曲線の抽出がうまくできないので、ここでは排除する。）

　　日本人母語話者（表 5-5）と学習者（表 5-6）の上昇度に対して施した t 検定の結果：T= -2.26 、P=0.05 で統計的有意差が見られた。

5.1.3.3 まとめ

　　以上、中国人学習者による確認を表す発話文「これ、いる？」のピッチ曲線を分析してきたが、次のようなイントネーションの特徴がまとめられる。

　　1）音域平均値については、中国人学習者の全文調、文頭、文末イントネーションの音域平均値はそれぞれ、6.48、1.88、 4.65 である。それに対して、日本人の音域平均値は 11.1、 1.7、5.68 である。全文調と文末イントネーションにおける音域平均値は日本人母語話者と比べて、中国人学習者の方が小さいことがわかる。

　　2）全文の時間長においては、日本人の場合は、全文の時間長は 659.61、文頭の時間長は 95.81、文末の時間長は 249.83 である。

その一方、中国人の全文、文頭、文末における発話の時間長はそれぞれ、856.27、104.36、206.72 である。文末の持続時間が母語話者より縮んでいる。

　　3）文末イントネーションパターンは、述語「いる」の「い」のところから緩やかに上昇し、「る」の母音「u」のところからまた徐々に上昇していくことは学習者の中で共通している。文末上昇については、いずれも徐々に上昇している。

　　4）学習者と母語話者の上昇度に対してt検定を施してみた結果、有意水準 5% で日本人母語話者との間に有意差が検出された。

5.1.4 疑いを表す「これ、いる？」のイントネーション

5.1.4.1 日本人母語話者の場合

　　以下の日本人母語話者 JP2 の曲線（図 5-7 参照）から見ると、文の述語「いる」の「い」のところから少し下降し、母音「る」はその後について、母音「u」のところまた上昇していくことがわかる。文末の上昇終点は 226Hz 文のピークとなり、上昇起点は 109Hzで、持続時間が 209ms である。上昇度の平均値は 0.49 である。全文の最高点と最低点のピッチレンジは 13.97、文頭のピッチレンジは 0.61、文末のピッチレンジは 11.84、述語「いる」のピッチレンジは 13.97、「これ」のピッチレンジは 3.14 である。文の各発話部分「い」、「る」、「いる」、「これ」と全文との比率（時間長において）を計算すると、0.12、0.44、0.43、0.57 という数値が得られた。日本人母語話者のそれぞれの上昇度（表 5-7 参照）。

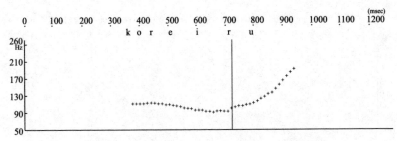

図 5-7　JP2「これ、いる？」のピッチ曲線

表 5-7　「これ、いる？」の上昇割合と上昇度（日本人母語話者）

発話者	JP1	JP2	JP3	JP4	JP5	JP6
上昇割合	1.47	1.98	1.53	2.54	2.09	1.39
上昇度（Hz/ms）	0.39	0.48	0.33	0.67	0.75	0.19

5.1.4.2 中国人学習者の場合

学習者 DXH のピッチ曲線（図 5-8 参照）から、「これ」は母音「e」から上昇したあと、すこしポーズを入れて、述語「いる」の「い」のところから緩やかに下降し、母音「u」からまた上昇していく様子が観察される。文末の上昇起点は 209Hz であり、終点は 285Hz である。文のピークは「いる」という単語の二拍目にあり、文末の上昇終点である。また、上昇度の平均値は 0.44 である。全文の最高点と最低点のピッチレンジは 6.95、文頭のピッチレンジは 1.09、文末のピッチレンジは 4.99、述語「いる」のピッチレンジは 6.65、「これ」のピッチレンジは 2.54 である。発話部分「い」、「る」、「いる」、「これ」と全文との比率（時間長において）はそれぞれ 0.08、0.2、0.31、0.29 である。学習者全体の上昇度は表 5-8 のとおりである。

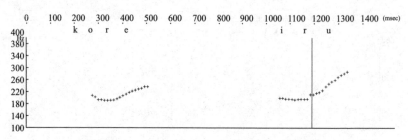

図5-8　DXH「これ、いる？」のピッチ曲線

表5-8　「これ、いる？」の上昇割合と上昇度（中国人学習者）

発話者	DXH	NL	QPP	WF	WZ	ZJY
上昇割合	1.33	1.48	1.19	1.38	1.51	1.53
上昇度（Hz/ms）	0.44	0.66	0.31	0.67	0.43	0.44

　日本人母語話者（表5-7）と学習者（表5-8）の上昇度に対して施した t 検定の結果：T= −0.22 、P=0.83 で統計的有意差が見られない。

5.1.4.3 まとめ

　以上、中国人学習者による疑いを表す発話文「これ、いる？」のピッチ曲線を分析してきたが、次のようなイントネーションの特徴がまとめられる。

　① 音域平均値については、中国人学習者の全文調、文頭、文末イントネーションの音域平均値はそれぞれ、7.51、2.09、 5.81である。それに対して、日本人の音域平均値は11.9、 1.46、10.03である。全文調と文末イントネーションにおける音域平均値は日本人母語話者と比べて、中国人学習者の方が小さいことがわかる。

　② 全文の時間長においては、日本人の場合は、全文の時間長は1172.57、文頭の時間長は111.48、文末の時間長は399.73である。

その一方、中国人の全文、文頭、文末における発話の時間長はそれ
ぞれ、829.36、110.26、216.84 である。文全体、文頭、文末の持続
時間が母語話者より縮んでいる。

　③　文末イントネーションパターンは、述語「いる」の「い」
のところから緩やかに上昇し、「る」の母音「u」のところからま
た急に上昇していくことが観察できる。文末の上昇ぶりが激しいこ
とも見られる。

　④　学習者と母語話者の上昇度に対して t 検定を施してみた結
果、有意水準 5% で日本人母語話者との間に有意差が検出されなか
った。

5.1.4.4 述語アクセントが無核語疑問文の音域の実験分析

　本実験は日本語の日常会話でよく使われる簡単な疑問文「こ
れいる?」を選ぶことにした。本実験の被験者は日本人 6 人、中国
人 6 人である。被験者の中で、日本人一人、中国人一人、録音の過
程で声が低く、外部の干渉を受けたため、統計処理に有効なデータ
にならなかった。そこで、本章では音声学的実験で得られた数値を
EXCEL で計算及び統計分析を行う。その統計的信頼区間は 0.95 であ
る。具体的な内容はヘルツ数値を半音値に転換し、被験者による発
話文の全文、文頭、文末の音域のデータを計算する。半音は心理と
声学の対応関係を反映できるから、本実験は公式でヘルツ数値を半
音値に変換する。音高を分析する際、半音値に転換されたデータは
違う発話者の間の共同規則を見出すことに有利である [1]。

　全文調の音域 : 表 5-9 と表 5-10 から見れば、中国人学習者に

---

① 阎錦婷、王萍、石鋒 :『普通話選択問句的語調格局』,『語言文字応用』2014
年第 1 期。

　よる発話文「これいる？」における全文のイントネーション音域の数値は日本人母語話者と比べて、小さいことがわかる。つまり、中国人学習者の音域が母語話者より狭いということである。四つのイントネーションの音域は日本人の場合「確認」、「質問」、「反問」、「疑い」という順で音域が広くなっていく。一方、中国人学習者の場合は「確認」の音域が一番狭く、その次に、「質問」、「疑い」が広くなり、「反問」の数値が一番大きい。

　　この四つのイントネーションの音域に対して、f 検定を行った。その結果は日本人母語話者による質問と反問、質問と疑い、反問と確認、確認と疑いを表す発話文のイントネーションは有意差が検出されたが、中国人学習者によるこの四つのイントネーションの音域の間に顕著な有意差が検出されていないということである。

表 5-9　日本人母語話者による四つのイントネーションの全文調の音域
（平均値）と f 検定の結果

文	範囲	全文調			
	調種	音域	質問	反問	確認
これいる?	質問	9.37			
	反問	10.89	0.04*		
	確認	9.26	0.86	0.01*	
	疑い	11.9	0.04*	0.33	0.03*

　　注1：調種は質問、反問、確認、疑いという意味を表すイントネーションの種類を指す。
　　2："*" $P < 0.05$, "**" $P < 0.01$ を示す。

表 5-10　中国人学習者による四つのイントネーションの全文調の音域
（平均値）と f 検定の結果

| 文 | 範囲 | 全文調 | | | |
	調種	音域	質問	反問	確認
これいる?	質問	6.65			
	反問	7.71	0.45		
	確認	6.48	0.88	0.43	
	疑い	7.51	0.39	0.89	0.39

　　文頭の音域：表 5-11 から観察すると、日本人母語話者による
文頭の音域の平均値は 0.46 と 1.6 の間に分布し、反問が一番広く、
その次に疑い、質問、確認の音域がしだいに狭くなっていくことが
わかる。 f 検定の結果は質問と反問、質問と疑い、反問と確認、確
認と疑いを表すイントネーシンには有意差があることが示された。

　　表 5-12 を見てわかるように、中国人学習者による文頭の音域
の平均値は日本人母語話者より数値が大きい。つまり、この四つの
イントネーションの音域が広いということである。また、音域は母
語話者と同じように、一番狭い確認から一番広い反問へと広くなっ
ていくことも観察できる。しかし、文頭の音域に対して行った f 検
定の結果から、有意差が検出されていないことがみられる。

表 5-11　日本人母語話者による四つのイントネーションの文頭の音域
（平均値）と f 検定の結果

| 文 | 範囲 | 文頭 | | | |
	調種	音域	質問	反問	確認
これいる?	質問	0.86			
	反問	1.6	0.04*		
	確認	0.75	0.78	0.02*	
	疑い	1.46	0.04*	0.71	0.02*

表 5-12　中国人学習者による四つのイントネーションの文頭の音域
（平均値）と f 検定の結果

文	範囲	文頭			
	調種	音域	質問	反問	確認
これいる？	質問	1.93			
	反問	2.73	0.44		
	確認	1.88	0.94	0.37	
	疑い	2.09	0.86	0.55	0.79

　　文末の音域：表 5-13 と表 5-14 を比較してみると、中国人学習
者の音域は日本人母語話者より小さいことが観察される。日本人母
語話者の場合、文末の音域は確認から、質問、反問、疑いへと徐々
に広くなっていく。また、確認と疑いの音域の差が大きいことも見
られる。f 検定の結果として、質問と反問、質問と疑い、確認と疑
いを表すイントネーシンには有意差が検出された。

　　それに対して、中国人の場合はこの四つのイントネーションの
間における音域の差が小さい。文末の音域は確認、質問、反問、疑
いという順で広くなっていくのは母語話者と同じである。しかし、
文末の音域に対して行った f 検定の結果から、この四つのイントネ
ーションの間には有意差がないことがわかる。

表 5-13　日本人母語話者による四つのイントネーションの文末の音域
（平均値）と f 検定の結果

文	範囲	文末			
	調種	音域	質問	反問	確認
これいる？	質問	6.35			
	反問	9.33	0.045*		
	確認	6.29	0.9	0.08	
	疑い	10.03	0.03*	0.71	0.048*

表 5–14　中国人学習者による四つのイントネーションの文末の音域
（平均値）と f 検定の結果

文	範囲	文末			
	調種	音域	質問	反問	確認
これいる？	質問	4.93			
	反問	5.80	0.42		
	確認	4.65	0.81	0.39	
	疑い	5.81	0.35	0.99	0.98

　　上昇持続時間：表 5-15 では、日本人母語話者による全文の平均時間長は確認が一番短く、その次、質問、反問、疑いが次第に長くなる。確認と質問の時間長における差が小さく、反問と疑いの数値も近い。全体的見れば、音域が広いほうが時間長も長いことが観察できる。f 検定の結果は質問と反問、質問と疑い、反問と確認、確認と疑いの間には顕著な有意差が検出された。

　　表 5-16 では、中国人学習者の全文の平均時間長は質問が一番短く、反問が一番長く、質問、疑い、確認、反問という順で長くなっていることが見られる。日本人母語話者と比べてみると、この四つのイントネーションにおける全文の平均時間長の間の差は小さいことと、反問と疑いの平均時間長は母語話者よりずっと小さいことがわかる。f 検定を施した結果はこの四つのイントネーションの間には顕著な差がないことが示された。

表5-15　日本人母語話者による四つのイントネーションの全文の持続時間
（平均値）と f 検定の結果

文	範囲	全文			
	調種	平均時間長	質問	反問	確認
これいる?	質問	673.61			
	反問	1010.73	0.048*		
	確認	659.09	0.92	0.03*	
	疑い	1172.57	0.03*	0.38	0.02*

表5-16　中国人学習者による四つのイントネーションの全文の持続時間
（平均値）と f 検定の結果

文	範囲	全文			
	調種	平均時間長	質問	反問	確認
これいる?	質問	813.89			
	反問	869.18	0.74		
	確認	856.27	0.80	0.94	
	疑い	829.36	0.91	0.79	0.86

　　文頭の持続時間：表 5-17 と表 5-18 を観察すると、日本人母語話者における文頭の持続時間は学習者より短いことがわかる。母語話者の場合、疑いの持続時間が一番長く、質問が一番短い。それに対して、学習者の場合、質問が一番長く、確認が一番短い。また、母語話者の反問は確認より短いが、学習者のほうがその逆になった。母語話者と学習者による文頭の持続時間に f 検定を行った結果は母語話者も学習者も四つのイントネーションの間には有意差が検出されていない。

表 5-17　日本人母語話者による四つのイントネーションの文頭の持続時間
（平均値）と f 検定の結果

文	範囲	文頭			
	調種	平均時間長	質問	反問	確認
これいる?	質問	84.38			
	反問	90.15	0.39		
	確認	95.81	0.43	0.53	
	疑い	111.48	0.29	0.27	0.28

表 5-18　中国人学習者による四つのイントネーションの文頭の持続時間
（平均値）と f 検定の結果

文	範囲	文頭			
	調種	平均時間長	質問	反問	確認
これいる?	質問	110.53			
	反問	106.65	0.82		
	確認	104.36	0.72	0.88	
	疑い	110.26	0.99	0.82	0.71

　　文末の持続時間：表 5-19 と表 5-20 を比較してみると、日本人
母語者の文末の持続時間は中国人学習者より長いことが見られる。
つまり、文末の上昇ぶりが学習者より目立っている。そして、母語
話者は確認、質問、反問、疑いという順で文末持続時間が長くなっ
ていくのに対して、学習者は確認から、質問、疑い、反問へと長く
なっていく。f 検定の結果は母語話者によるこの四つのイントネー
ションは質問と反問、質問と疑い、反問と確認、確認と疑いの間に
は有意差があることが示された。一方、中国人母語話者には有意差
が検出されていない。

表 5-19 日本人母語話者による四つのイントネーションの文末の持続時間（平均値）と f 検定の結果

文	範囲	文末			
	調種	平均時間長	質問	反問	確認
これいる?	質問	250.43			
	反問	384.82	0.02*		
	確認	249.83	0.10	0.01*	
	疑い	399.73	0.007**	0.66	0.005**

表 5-20 中国人学習者による四つのイントネーションの文末の持続時間（平均値）と f 検定の結果

文	範囲	文末			
	調種	平均時間長	質問	反問	確認
これいる?	質問	212.89			
	反問	221.07	0.47		
	確認	206.72	0.52	0.22	
	疑い	216.84	0.78	0.78	0.46

5.1.4.3　まとめ

　以上、中国人学習者による疑いを表す発話文「これ、いる？」のピッチ曲線、音域、持続時間を分析したが、次のようなイントネーションの特徴がまとめられる。

　① 音域平均値については、全文調、文頭と文末イントネーションにおける音域平均値は日本人母語話者と比べて、中国人学習者の方が小さいことがわかる。つまり、中国人学習者の音域が母語話者より狭い。

　② 全文の持続時間においては、日本人母語話者の場合は、四つのイントネーションの間の差が中国人学習者より大きい。文頭の持続時間は母語話者の方が短いのに対して、文末の持続時間は学習

者のほうが短い。

③ 四つのイントネーションの音域と持続時間に対して、f 検定を行った。その結果、日本人母語話者の場合、疑問文「これいる？」では、全文、文頭、文末の音域と全文、文末の持続時間において、質問と反問、質問と疑い、確認と疑いの間には有意差が検出された。中国人の場合は音域と持続時間において、四つのイントネーションの間には何の有意差も検出されなかった。

　要するに、音域と持続時間は母語話者にとって日本語疑問文イントネーションの弁別に有効な音響的な手段であるが、学習者にとって無効であることが示された。つまり、学習者はこの四つのイントネーションが習得されていない。

5.2 述語アクセントが有核語の場合

　本節では、質問、反問、確認、疑いという四つの意味を表す述語アクセントが有核語である文「これ、見る？」のイントネーションの特徴について考察する。

5.2.1 質問を表す「これ、見る？」のイントネーション

　まず、日本人母語話者と中国人学習者による質問を表す発話文「これ、みる？」のイントネーションの特徴を観察してみよう。

5.2.1.1 日本人母語話者の場合

　まず JP6 の発話（図 5-9 参照）を見てみよう。

　JP6 の発話では、文の述語「みる」が頭高型アクセントであるので、文末イントネーションが母音「i」のイントネーションに低く接続し、母音「u」のところからまた上昇していく。文末の上昇終点は 175、上昇起点は 146Hz で、持続時間が 229ms である。上昇度の平均値は 0.13 である。全文の最高点と最低点のピッチレンジ

は5.78、文頭のピッチレンジは3.68、文末のピッチレンジは4.68、述語「みる」のピッチレンジは5.64、「これ」のピッチレンジは2.33である。文の各発話部分「み」、「る」、「みる」、「これ」と全文との比率（時間長において）を計算したら、0.18、0.36、0.55、0.39という数値が得られた。「これ、みる？」による日本人全体の上昇度は表5-21のとおりになる。

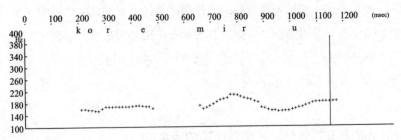

図5-9 JP6「これ、見る？」のピッチ曲線

表5-21 「これ、みる？」の上昇割合と上昇度（日本人母語話者）

発話者	JP1	JP2	JP3	JP5	JP6
上昇割合	1.04	1.29	1.11	1.4	1.2
上昇度（Hz/ms）	0.03	0.21	0.09	0.24	0.13

（この発話文においては、日本人母語話者JP4の声が非常に低くなって、ピッチ曲線の抽出がうまくできないので、ここでは排除する。）

5.2.1.2　中国人学習者の場合

まず、学習者 DXH の発話を観察してみよう。

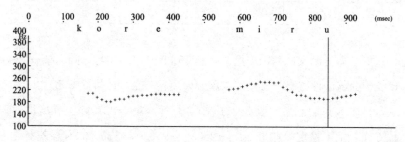

図 5-10　DXH「これ、見る？」のピッチ曲線

　　DXH のピッチ曲線では「これ」の部分は平らに発話されている
が、述語「見る」のアクセント型が正しく読まれている。文の頂点
は 251Hz で、「み」の母音「i」のところにある。そして、文のピ
ークから、だんだん下がってきて、文末イントネーションがその低
いイントネーションに接続し、「る」の母音「u」のところから上
昇していく。上昇起点は 196Hz で、上昇終点は 224Hz であるが、上
昇度の平均値は 0.22 になっている（図 5-10 参照）。全文の最高点
と最低点のピッチレンジは 4.77、文頭のピッチレンジは 1.55、文
末のピッチレンジは 3.4、述語「いる」のピッチレンジは 4.32、「これ」
のピッチレンジは 2.72 である。発話部分「み」、「る」、「みる」、
「これ」と全文との比率（時間長において）はそれぞれ 0.12、0.2、
0.31、0.28 である。　学習者全体の「の」の上昇割合上昇度は表 5-22
に示してある。

表 5-22　「これ、みる？」の上昇割合と上昇度（中国人学習者）

発話者	DXH	NL	WF	WZ	ZJY
上昇割合	1.15	1.21	1.17	1.11	1.35
上昇度（Hz/ms）	0.22	0.4	0.3	0.16	0.27

　（この発話文においては、学習者 QPP の声が非常に低くなって、ピッチ曲線の抽出がうまくできないので、ここでは排除する。）

　日本人母語話者（表 5-21）と学習者（表 5-22）の上昇度に対して施した t 検定の結果：T= -2.33 、P=0.04 で統計的有意差が見られた。

5.2.2.3 まとめ

　以上、中国人学習者による質問を表す発話文「これ、みる？」のピッチ曲線を分析してきたが、次のようなイントネーションの特徴がまとめられる。

　① 学習者の場合、文全体からみると、上下変化は日本人と比べて、緩やかであることが観察できる。音域平均値については、中国人学習者の全文調、文頭、文末イントネーションの音域平均値はそれぞれ、5.79、2.34 、4.12 である。それに対して、日本人の音域平均値は 7.6、4.95、5.67 である。全文調と、文頭、文末イントネーションにおける音域平均値は日本人母語話者と比べて、中国人学習者の方が小さいことがわかる。

　② 全文の時間長においては、日本人の場合は、全文の時間長は 673.61、文頭の時間長は 161.64 文末の時間長は 222.49 である。その一方、中国人の全文、文頭、文末における発話の時間長はそれぞれ、842.73、156.7、238.38 である。全文、文末の持続時間が母語話者より縮んでいる。

③　文末イントネーションパターンは、前の頭高型である述語のイントネーションに順接していったん下降していたが「みる」の母音「u」のところからまた徐々に上昇していくことは学習者と母語話者が共通している。文末上昇については、いずれも文全体の最高の範囲内にあるので内昇であることがいえる。

④　学習者と母語話者の上昇度に対して t 検定を行った。その結果、母語話者と学習者の間には有意差が検出された。

5.2.2 反問を表す「これ、見る？」のイントネーション

5.2.2.1 日本人母語話者の場合

日本人母語話者 JP2 のピッチ曲線（図 5-11）からみると、文末イントネーションが母音「u」のところから上昇していく様子が見られる。文末の上昇終点は全文のピークになり、184.5Hz、上昇起点は 124.3Hz で、持続時間が 135.8ms である。上昇度の平均値は 0.44 である。全文の最高点と最低点のピッチレンジは 10.1、文頭のピッチレンジは 9.54、文末のピッチレンジは 6.83、述語「みる」のピッチレンジは 10、「これ」のピッチレンジは 2.71 である。文の各発話部分「み」、「る」、「みる」、「これ」と全文との比率（時間長において）を計算したら、0.26、0.41、0.68、0.31 という数値が得られた。「これ、みる？」による日本人全体の上昇度は表 5-23 のとおりになる。

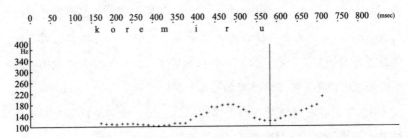

図 5-11　JP2「これ、見る？」のピッチ曲線

表 5-23「これ、みる？」の上昇割合と上昇度（日本人母語話者）

発話者	JP1	JP2	JP3	JP4	JP5	JP6
上昇割合	1.05	1.48	1.09	1.61	1.59	1.14
上昇度（Hz/ms）	0.04	0.44	0.09	0.64	0.52	0.08

5.2.2.2 中国人学習者の場合

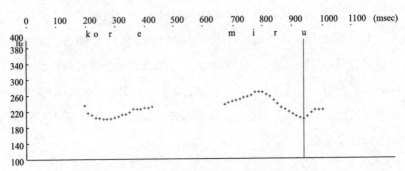

図 5-12　DXH「これ、見る？」のピッチ曲線

　　DXH の発話では文の頂点は 249Hz で、「み」の母音「i」のとこ
ろにある。そして、文のピークから、だんだん下がってきて、文末
イントネーションがその低いイントネーションに接続し、「る」の

母音「u」のところから上昇していく。上昇起点は 199Hz で、上昇終点は225Hz であるが、上昇度の平均値は 0.21 になっている（図 5-12 参照）。全文の最高点と最低点のピッチレンジは 4.39、文頭のピッチレンジは 1.77、文末のピッチレンジは 3.41、述語「いる」のピッチレンジは 3.89、「これ」のピッチレンジは 2.68 である。発話部分「み」、「る」、「みる」、「これ」と全文との比率（時間長において）はそれぞれ 0.1、0.18、0.29、0.25 である。学習者全体の上昇度は表 5-24 に示してある。

表 5-24　「これ、みる？」の上昇割合と上昇度（中国人学習者）

発話者	DXH	NL	QPP	WF	WZ	ZJY
上昇割合	1.13	1.21	1.09	1.16	1.07	1.3
上昇度（Hz/ms）	0.21	0.28	0.26	0.35	0.11	0.22

　日本人母語話者（表 5-23）と学習者（表 5-24）の上昇度に対して施した t 検定の結果：T=0.57 、P=0.58 で統計的有意差が見られない。

5.2.2.3　まとめ

　以上、中国人学習者による反問を表す発話文「これ、みる？」のピッチ曲線を分析してきたが、次のようなイントネーションの特徴がまとめられる。

　① 音域平均値については、中国人学習者の全文調、文頭、文末イントネーションの音域平均値はそれぞれ、6.04、2.42、3.85 である。それに対して、日本人の音域平均値は 9.51、6.06、8.45 である。日本人母語話者と比べて、中国人学習者の方が小さいことがわかる。

　② 全文の時間長においては、日本人の場合は、全文の時間長は 1010.73、文頭の時間長は 153.97、文末の時間長は 312.37 である。

その一方、中国人の全文、文頭、文末における発話の時間長はそれぞれ、856.83、157.4、219.39である。文全体と文末の時間長は日本人母語話者の方が長いが、文頭の持続時間が中国人学習者のほうが長い。

　③ 文末イントネーションパターンは、「み」の「い」のところから下降していたが、「る」の母音「u」のところから上昇していくことは学習者と母語話者が共通している。文末の上昇ぶりは質問より激しいことが観察される。

　④ 学習者と母語話者の上昇度に対してt検定を行った。その結果、母語話者と学習者の間には有意差が検出されなかった。

5.2.3 確認を表す「これ、見る？」のイントネーション

5.2.3.1 日本人母語話者の場合

先ず、JP3の発話（図5-13参照）を見てみよう。

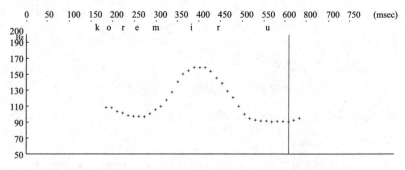

図5-13　JP3「「これ、みる？」」のピッチ曲線

　JP3のピッチ曲線では、「みる」という頭高型のアクセントの形がはっきり見られるが、後にその下降しているイントネーションについて、母音「u」のところから緩やかに上昇していく。文の最

高点は「みる」のアクセント核にあり、152Hz になっている。文末の上昇起点は 88Hz であり、上昇終点は 94Hz で、文の最高の範囲内にあり、内昇している。上昇度を測ってみると、その平均値は 0.1 になる。日本人母語話者全体の上昇度は表 5-25 のとおりである。全文の最高点と最低点のピッチレンジは 9.53、文頭のピッチレンジは 7.95、文末のピッチレンジは 8.83、述語「みる」のピッチレンジは 9.53、「これ」のピッチレンジは 2.97 である。発話部分「み」、「る」、「みる」、「これ」と全文との比率（時間長において）はそれぞれ 0.28、0.43、0.71、0.28 である。

表 5-25「これ、みる？」の上昇割合と上昇度（日本人母語話者）

発話者	JP1	JP2	JP3	JP5	JP6
上昇割合	1.06	1.24	1.08	1.33	1.14
上昇度（Hz/ms）	0.05	0.18	0.1	0.25	0.1

　（この発話文においては、母語話者 JP4 の声が非常に低くなって、ピッチ曲線の抽出がうまくできないので、ここでは排除する。）

5.2.3.2 中国人学習者の場合

　図 5-14 に示されているように、学習者 DXH のピッチ曲線において、文の頂点は 245Hz で、述語「みる」のアクセント核にある。そして、文末のイントネーションがそのままに接続して徐々に上昇していく。上昇振りは緩やかであり、文末の上昇持続時間も 140ms で、上昇起点は 195Hz、終点は 228Hz で、文のピークを上回っていない。文末の上昇度の平均値は 0.23 である。全文の最高点と最低点のピッチレンジは 4.4、文頭のピッチレンジは 1.07、文末のピッチレンジは 3.52、述語「いる」のピッチレンジは 4.09、「これ」のピッチレンジは 2.63 である。発話部分「み」、「る」、「みる」、「こ

れ」と全文との比率（時間長において）はそれぞれ0.11、0.20、0.31、0.28である。学習者全体の上昇度は表5-26に示してある。

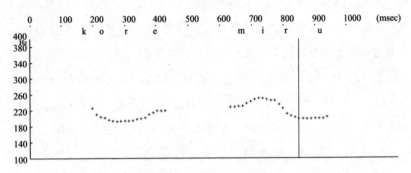

図5-14　DXH「これ、見る？」のピッチ曲線

表5-26　「これ、みる？」の上昇割合と上昇度（中国人学習者）

発話者	DXH	NL	QPP	WF	ZJY
上昇割合	1.68	1.09	1.08	1.17	1.33
上昇度（Hz/ms）	0.23	0.2	0.2	0.35	0.23

　　（この発話文においては、学習者WZの声が非常に低くなって、ピッチ曲線の抽出がうまくできないので、ここでは排除する。）

　　日本人母語話者（表5-25）と学習者（表5-26）の上昇度に対して施したt検定の結果：T=－2.36 、P=0.04で統計的有意差が見られた。

5.2.3.3　まとめ

　　以上、中国学習者による確認を表す発話文「これ、みる？」のピッチ曲線を分析してきたが、次のようなイントネーションの特徴がまとめられる。

　　① 音域平均値については、中国人学習者の全文調、文頭、文末イントネーションの音域平均値はそれぞれ、5.68、2.05、 4.2で

ある。それに対して、日本人の音域平均値は6.48、4.81、4.24である。日本人母語話者と比べて、中国人学習者の音域平均値は小さいことがわかる。

　② 全文の時間長においては、日本人の場合は、全文の時間長は659.09、文頭の時間長は145.62、文末の時間長は205.36である。その一方、中国人の全文、文頭、文末における発話の時間長はそれぞれ、905.65、106.83、218.17である。中国人学習者の持続時間が母語話者より縮んでいる。

　③ 文末イントネーションパターンは、述語「みる」の母音「i」のところから下降し、「る」の母音「u」のところからまた上昇していく。文末上昇ぶりは非常に緩やかであることが見られる。

　④ 学習者と母語話者の上昇度に対してt検定を行った。その結果、母語話者と学習者の間には有意差が検出された。

5.2.4 疑いを表す「これ、見る？」のイントネーション
5.2.4.1 日本人母語話者の場合

先ず、JP5の発話（図5-15参照）を観察してみよう。

JP5のピッチ曲線では、文のピークは文末「る」のところにあり、204Hzになっている。「みる」という頭高型のアクセントの形がはっきり見られるが、後に文末イントネーションがその下降しているイントネーションについて、上昇していく。文末上昇起点は114Hzであり、上昇終点は204Hzで、上昇度の平均値は0.35である。日本人母語話者全体の上昇度は表5-27のとおりである。全文の最高点と最低点のピッチレンジは10.1、文頭のピッチレンジは2.2、文末のピッチレンジは8.3、述語「いる」のピッチレンジは8.9、「これ」のピッチレンジは2.15である。発話部分「み」、「る」、「みる」、「これ」と全文との比率（時間長において）はそれぞれ0.19、

0. 22、0. 31、0. 24 である。

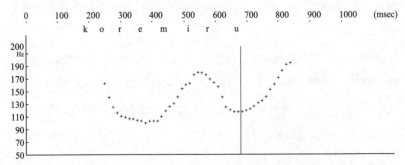

図 5-15　JP5「「これ、みる?」のピッチ曲線

表 5-27　「これ、みる?」の上昇割合と上昇度（日本人母語話者）

発話者	JP1	JP2	JP3	JP4	JP5	JP6
上昇割合	1.07	1.57	1.17	2.02	1.58	1.23
上昇度（Hz/ms）	0.05	0.46	0.22	0.56	0.35	0.36

5.2.4.2 中国人学習者の場合

　学習者 DXH の発話では、全体的に見れば、そのピッチ曲線が上下変化は日本人母語話者ほど激しくない。文のピークは述語「みる」のところに現れ、242Hz である。文末イントネーションが「み」の直後に接続して母音「0」のところからすこし上昇していく。その上昇振りは緩やかであることが見られる。そして、文末上昇の起点は 195Hz で、上昇終点は 221Hz である。文末の上昇度の平均値は 0.25 である。全文の最高点と最低点のピッチレンジは 4.4、文頭のピッチレンジは 1.31、文末のピッチレンジは 3.29、述語「いる」のピッチレンジは 3.72、「これ」のピッチレンジは 2.57 である。発話部分「み」、「る」、「みる」、「これ」と全文との比率（時間長において）はそれぞれ 0.11、0.18、0.29、0.27 である。学習者全体の上昇度は表 5-28 を参照されたい。

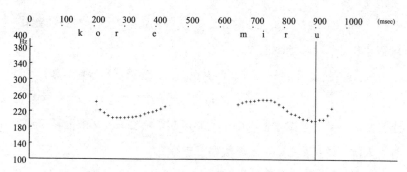

図 5-16　DXH「これ、見る？」のピッチ曲線

表 5-28「これ、みる？」の上昇割合と上昇度（中国人学習者）

発話者	DXH	NL	QPP	WF	WZ	ZJY
上昇割合	1.13	1.39	1.05	1.14	1.13	1.31
上昇度（Hz/ms）	0.25	0.66	0.14	0.34	0.15	0.21

　　日本人母語話者（表 5-27）と学習者（表 5-28）の上昇度に対して施した t 検定の結果：T=0.39 、P=0.71 で統計的有意差が見られない。

　　以上、中国学習者による疑いを表す発話文「これ、みる？」のピッチ曲線を分析してきたが、次のようなイントネーションの特徴がまとめられる。

　　① 音域平均値については、中国人学習者の全文調、文頭、文末イントネーションの音域平均値はそれぞれ、5.98、2.0、4.35 である。それに対して、日本人の音域平均値は 7.79、6.45、6.92 である。日本人母語話者と比べて、中国人学習者の音域平均値は小さいことがわかる。

　　② 全文の時間長においては、日本人の場合は、全文の時間長は 1172.57、文頭の時間長は 175.93、文末の時間長は 325.33 である。その一方、中国人の全文、文頭、文末における発話の時間長はそれ

ぞれ、885.61、159.33、229.75 である。中国人学習者の持続時間が母語話者より縮んでいる。

③ 文末イントネーションパターンは、述語「みる」の母音「i」のところから下降し、「る」の母音「u」のところからまた徐々に上昇していくことは学習者の中で共通しているが、文末上昇ぶりは日本人ほど激しくないことが観察できる。

④ 学習者と母語話者の上昇度に対して t 検定を行った。その結果、母語話者と学習者の間には有意差が検出されなかった。

5.2.4.3 述語アクセントが有核語の疑問文の音域の実験分析

全文調の音域：表 5-29 と表 5-30 から見れば、中国人学習者による発話文「これみる？」における全文のイントネーション音域の数値は日本人母語話者と比べて、小さいことがわかる。中国人学習者の音域が母語話者より狭いことが表明された。四つのイントネーションの音域は中国人学習者が日本人母語話者と同じように、「確認」、「質問」、「疑い」、「反問」という順で音域が広くなっていく。

この四つのイントネーションの音域に対して、f 検定を行った。その結果は日本人母語話者による質問と反問、反問と確認、反問と疑いを表す発話文のイントネーションは有意差が検出されたが、中国人学習者によるこの四つのイントネーションの音域の間に顕著な有意差が検出されていないということである。

表 5-29　日本人母語話者による四つのイントネーションの全文調の
音域（平均値）と f 検定の結果

文	範囲	全文調			
	調種	音域	質問	反問	確認
これみる?	質問	7.6			
	反問	9.51	0.048*		
	確認	6.48	0.32	0.009**	
	疑い	7.79	0.84	0.047*	0.22

表 5-30　中国人学習者による四つのイントネーションの全文調の
音域（平均値）と f 検定の結果

文	範囲	全文調			
	調種	音域	質問	反問	確認
これみる?	質問	5.79			
	反問	6.04	0.77		
	確認	5.68	0.91	0.73	
	疑い	5.98	0.85	0.95	0.79

　　文頭の音域：まず、表 5-31 から観察すると、日本人母語話者
による文頭の音域の平均値は 4.95 と 6.45 の間に分布し、疑いが一
番広く、その次に反問、質問、確認の音域がしだいに狭くなってい
くことがわかる。

　　表 5-32 を見てわかるように、中国人学習者による文頭の音域
の平均値は日本人母語話者より数値が小さい。つまり、この四つの
イントネーションの文頭の音域が狭いということである。また、音
域は母語話者と違って、一番狭い疑いから一番広い反問へと広くな
っていくことも観察できる。文頭の音域に対して行った f 検定の結
果から、母語話者も学習者も四つのイントネーションの間には有意
差が検出されていない。

表5-31　日本人母語話者による四つのイントネーションの文頭の音域
（平均値）と f 検定の結果

文	範囲	文頭			
	調種	音域	質問	反問	確認
これみる？	質問	4.95			
	反問	6.06	0.21		
	確認	4.81	0.72	0.18	
	疑い	6.45	0.26	0.62	0.28

表5-32　中国人学習者による四つのイントネーションの文頭の音域
（平均値）と f 検定の結果

文	範囲	文頭			
	調種	音域	質問	反問	確認
これみる？	質問	2.34			
	反問	2.42	0.87		
	確認	2.05	0.63	0.53	
	疑い	2.00	0.53	0.43	0.93

　　文末の音域：表 5-33 と表 5-34 を比較してみると、中国人学習者の音域は日本人母語話者より小さいことが観察される。日本人母語話者の場合、文末の音域は確認から、質問、疑い、反問へと徐々に広くなっていく。また、確認と反問の音域の差が大きいことも見られる。f 検定の結果として、質問と反問、反問と確認、確認と疑いを表すイントネーシンには有意差が検出された。

　　それに対して、中国人の場合はこの四つのイントネーションの間における音域の差が小さい。文末の音域は反問、質問、確認、疑いという順で広くなっていくのは母語話者と同じではない。しかし、文末の音域に対して行った f 検定の結果から、この四つのイントネーションの間には有意差がないことがわかる。

表 5–33 日本人母語話者による四つのイントネーションの文末の音域
（平均値）と f 検定の結果

文	範囲	文末			
	調種	音域	質問	反問	確認
これみる?	質問	5.67			
	反問	8.45	0.047*		
	確認	4.24	0.25	0.005**	
	疑い	6.92	0.30	0.19	0.03*

表 5–34 中国人学習者による四つのイントネーションの文末の音域
（平均値）と f 検定の結果

文	範囲	文末			
	調種	音域	質問	反問	確認
これみる?	質問	4.12			
	反問	3.85	0.72		
	確認	4.20	0.93	0.70	
	疑い	4.35	0.80	0.59	0.89

　　上昇持続時間：表 5-35 では、日本人母語話者による全文の平
均時間長は確認が一番短く、その次、質問、反問、疑いが次第に長
くなる。確認と質問、反問と疑いには差が小さいが、確認と疑いの
差が大きい。f 検定の結果は質問と反問、質問と疑い、反問と確認、
確認と疑いの間には顕著な有意差が検出された。

　　表 5-36 では、中国人学習者の全文の平均時間長は質問が一番
短く、確認が一番長く、質問、反問、疑い、確認という順で長くな
っていることが見られる。日本人母語話者と比べてみると、この四
つのイントネーションにおける全文の平均時間長の間の差は小さい
ことがわかる。f 検定を施した結果はこの四つのイントネーション
の間には顕著な差がないことが示された。

表 5-35　日本人母語話者による四つのイントネーションの全文の持続
時間（平均値）と f 検定の結果

| 文 | 範囲 | 全文 | | | |
	調種	平均時間長	質問	反問	確認
これいる?	質問	673.61			
	反問	1010.73	0.048*		
	確認	659.09	0.92	0.03*	
	疑い	1172.57	0.03*	0.38	0.02*

表 5-36　中国人学習者による四つのイントネーションの全文の持続時間
（平均値）と f 検定の結果

| 文 | 範囲 | 全文 | | | |
	調種	平均時間長	質問	反問	確認
これみる?	質問	842.73			
	反問	856.83	0.93		
	確認	905.65	0.73	0.80	
	疑い	885.61	0.79	0.87	0.92

　　文頭の持続時間：表 5-37 と表 5-38 を観察すると、中国人学習者における文頭の持続時間は日本人母語話者の数値に近いことがわかる。母語話者の場合、疑いの持続時間が一番長く、確認が一番短い。それに対して、学習者の場合、質問が一番長く、反問が一番短い。また、母語話者の反問は確認より長いが、学習者のほうがその逆になった。母語話者と学習者による文頭の持続時間に対して f 検定を行った結果は母語話者も学習者も四つのイントネーションの間には有意差が検出されていない。

表5–37　日本人母語話者による四つのイントネーションの文頭の持続時間
（平均値）と f 検定の結果

文	範囲	文頭			
	調種	平均時間長	質問	反問	確認
これみる?	質問	156.7			
	反問	153.97	0.73		
	確認	145.62	0.13	0.14	
	疑い	175.93	0.45	0.29	0.23

表5–38　中国人学習者による四つのイントネーションの文頭の持続時間
（平均値）と f 検定の結果

文	範囲	文頭			
	調種	平均時間長	質問	反問	確認
これみる?	質問	161.64			
	反問	157.40	0.77		
	確認	160.83	0.96	0.81	
	疑い	159.33	0.87	0.90	0.92

　　文末の持続時間：表 5-39 と表 5-40 を比較してみると、日本人
母語者の文末の持続時間は確認以外の三つのイントネーションが中
国人学習者より長いことが見られる。そして、母語話者は確認、質
問、反問、疑いという順で文末持続時間が長くなっていくのに対し
て、学習者は確認から、反問、質問、疑いへと長くなっていく。F
検定の結果は母語話者によるこの四つのイントネーションは質問と
反問、質問と疑い、反問と確認、確認と疑いの間には有意差がある
ことが示された。一方、中国人母語話者には有意差が検出されてい
ない。

表5-39　日本人母語話者による四つのイントネーションの文末の持続時間
（平均値）と f 検定の結果

文	範囲	文末			
	調種	平均時間長	質問	反問	確認
これみる？	質問	238.38			
	反問	312.37	0.04*		
	確認	205.36	0.26	0.009**	
	疑い	325.33	0.04*	0.75	0.009**

表5-40　中国人学習者による四つのイントネーションの文末の持続時間
（平均値）と f 検定の結果

文	範囲	文末			
	調種	平均時間長	質問	反問	確認
これみる？	質問	222.49			
	反問	219.39	0.85		
	確認	218.17	0.76	0.94	
	疑い	229.75	0.63	0.56	0.47

　　t 検定：表5-41と表5-42から観察すると、日本人母語話者と中国人学習者による疑問文「これいる？」と「これみる？」における四つのイントネーションに対して、t 検定を行った。その結果としては「これいる？」においては、全文の音域では、母語話者と学習者の質問、確認、疑いという三つのイントネーションには有意差がみられる。文末の音域では、反問、疑いには有意差がある。持続時間の場合は全文には有意差がみられないが、文末には、反問、疑いのほうが有意差がある。「これみる？」においては、全文の音域では、質問、反問、疑い、文末の音域では、反問と疑いには有意差が検出された。持続時間では、全文には有意差がないが、文末には、反問、疑いは有意差がみられた。つまり、文末の持続時間の長さで

反問と疑いを弁別できるが全文としては、あまり差がないことが示
唆された。また、文末の音域においては、反問と疑いとの差が顕著
である。要するに、母語話者と学習者によるこの二つの疑問文は質
問と疑いというモダリティを表すイントネーションの差が目立って
いる。

表5–41 日本人母語話者と中国人学習者による四つのイントネーションの
音域と持続時間のt検定の結果

これいる?			母語話者の質問と学習者の質問	母語話者の反問と学習者の反問	母語話者の確認と学習者の確認	母語話者の疑いと学習者の疑い
音域	全文	T	3.22	2.11	2.31	3.76
		P	0.01*	0.07	0.05*	0.006**
	文末	T	1.89	2.38	1.19	2.65
		P	0.09	0.04*	0.26	0.02*
持続時間	全文	T	−1.06	0.56	−1.46	1.75
		P	0.32	0.59	0.18	0.11
	文末	T	1.13	6.56	1.41	8.06
		P	0.29	0.0001**	0.19	0.00002**

表5–42 日本人母語話者と中国人学習者による四つのイントネーションの
音域と持続時間のt検定の結果

これみる?			母語話者の質問と学習者の質問	母語話者の反問と学習者の反問	母語話者の確認と学習者の確認	母語話者の疑いと学習者の疑い
音域	全文	T	2.80	7.55	1.63	3.14
		P	0.02*	0.00007**	0.14	0.01*
	文末	T	1.59	4.93	0.03	2.56
		P	0.15	0.0008**	0.98	0.03*
持続時間	全文	T	−0.27	1.98	−0.43	2.01
		P	0.79	0.08	0.68	0.08
	文末	T	0.81	3.47	−0.59	3.24
		P	0.44	0.007**	0.57	0.01*

5.2.4.3　まとめ

以上、述語アクセントが無核語と有核語の疑問文における音域と持続時間に対して、実験分析をしてきたが、次のようなイントネーションの特徴がまとめられる。

全文調の音域：述語アクセントが無核語と有核語である疑問文「これいる」と「これみる」における全文のイントネーションの音域の数値は日本人母語話者と比べて、小さい。つまり、中国人学習者の音域が母語話者より狭いということである。「これいる？」の四つのイントネーションの音域は日本人の場合「確認」、「質問」、「反問」、「疑い」という順で音域が広くなっていく。「これみる？」は「確認」、「質問」、「疑い」、「反問」という順で音域が広くなっていく。一方、中国人学習者の場合は「確認」の音域が一番狭く、その次に、「質問」、「疑い」が広くなり、「反問」の数値が一番大きい。ｆ検定を行った結果は日本人母語話者による質問と反問、反問と確認、確認と疑いを表す発話文のイントネーションは有意差が検出されたが、中国人学習者によるこの四つのイントネーションの音域の間に顕著な有意差が検出されていないということである。

文頭の音域：「これいる？」疑問文では、中国人学習者は日本人母語話者より数値が大きいが「これみる？」では母語話者より音域が狭い。ｆ検定の結果は母語話者の場合、「これいる？」では、質問と反問、質問と疑い、反問と確認、確認と疑いには有意差が検出されたが、「これみる？」では、母語話者も学習者も四つのイントネーションの間には有意差が検出されていない。

文末の音域：中国人学習者の音域は日本人母語話者より小さい。ｆ検定の結果として、母語話者による「これみる？」における質問と反問、反問と確認、確認と疑い、「これいる？」における質問と

反問、質問と疑い、確認と疑いを表すイントネーシンには有意差が
検出された。中国人の場合は文末の音域は「これいる？」では、母
語話者と同じように確認、質問、反問、疑いという順で、広くなっ
ていくが、「これみる？」では、反問、質問、確認、疑いという順
で広くなっていくのは母語話者と同じではない。また、この四つの
イントネーションの間における音域の差が小さく、f検定の結果は
有意差がないことが表明された。

　　全文の持続時間：疑問文「これみる？」では、日本人母語話者
による全文の平均時間長は質問が一番短く、確認が一番長く、質問、
反問、疑い、確認という順で長くなっている。「これいる？」では、
確認が一番短く、その次、質問、反問、疑いが次第に長くなる。f
検定の結果は「これみる？」は質問と反問、質問と疑い、反問と確認、
確認と疑いの間に、「これいる？」は質問と反問、質問と疑い、反
問と確認、確認と疑いの間には顕著な有意差が検出された。中国人
学習者の場合、全文の平均時間長は日本人母語話者と比べてみると、
この四つのイントネーションにおける全文の平均時間長の間の差は
小さい。f検定を施した結果はこの四つのイントネーションの間に
は顕著な差がないことが示された。

　　文頭の持続時間：「これみる？」という疑問文では、中国人学
習者は日本人母語話者の数値に近い。母語話者の場合、疑いの持続
時間が一番長く、確認が一番短い。それに対して、学習者の場合、
質問が一番長く、反問が一番短い。また、母語話者の反問は確認よ
り長いが、学習者のほうがその逆になった。「これいる？」は日本
人母語話者における文頭の持続時間は学習者より短い。母語話者と
学習者による文頭の持続時間に対してf検定を行った結果、母語話
者も学習者もこの二つの疑問文における四つのイントネーションの

間には有意差が検出されていない。

　　文末の持続時間：「これみる？」では、日本人母語者の文末の持続時間は確認以外の三つのイントネーションが中国人学習者より長い。Ｆ検定の結果は母語話者によるこの四つのイントネーションは質問と反問、質問と疑い、反問と確認、確認と疑いの間には有意差があることが示された。一方、中国人母語話者には有意差が検出されていない。「これいる？」の場合、日本人母語者の持続時間は中国人学習者より長い。そして、母語話者は確認、質問、反問、疑いという順で文末持続時間が長くなっていくのに対して、学習者は確認から、質問、疑い、反問へと長くなっていく。Ｆ検定の結果は母語話者によるこの四つのイントネーションは質問と反問、質問と疑い、反問と確認、確認と疑いの間には有意差があることが示された。一方、中国人母語話者には有意差が検出されていない。

　　ｔ検定：「これいる？」においては、全文の音域では、母語話者と学習者の質問、確認、疑いに、文末の音域では、反問、疑いには有意差がある。持続時間の場合は全文には有意差がみられないが、文末には、反問、疑いのほうが有意差がある。「これみる？」においては、全文の音域では、質問、反問、疑い、文末の音域では、反問と疑いには有意差が検出された。持続時間では、全文には有意差がないが、文末には、反問、疑いは有意差がみられた。

　　以下の表 5-43、表 5-44、表 5-45、表 5-46 は実験分析の結果をまとめ、簡略化したものである。

表 5–43　日本人母語話者による「これいる?」の実験分析の結果

日本人母語話者		「これいる?」					
		質問と反問	質問と確認	質問と疑い	反問と確認	反問と疑い	確認と疑い
音域	全文	有意差あり	×	有意差あり	有意差あり	×	有意差あり
	文頭	有意差あり	×	有意差あり	有意差あり	×	有意差あり
	文末	有意差あり	×	有意差あり	×	×	有意差あり
持続時間	全文	有意差あり	×	有意差あり	有意差あり	×	有意差あり
	文頭	×	×	×	×	×	×
	文末	有意差あり	×	顕著差あり	有意差あり	×	顕著差あり

表 5–44　日本人母語話者による「これみる?」の実験分析の結果

日本人母語話者		「これみる?」					
		質問と反問	質問と確認	質問と疑い	反問と確認	反問と疑い	確認と疑い
音域	全文	有意差あり	×	×	顕著差あり	有意差あり	×
	文頭	×	×	×	×	×	×
	文末	有意差あり	×	×	顕著差あり	×	有意差あり
持続時間	全文	有意差あり	×	有意差あり	有意差あり	×	有意差あり
	文頭	×	×	×	×	×	×
	文末	有意差あり	×	有意差あり	顕著差あり	×	顕著差あり

表 5–45　中国人学習者による「これいる？」の実験分析の結果

中国人学習者		「これいる？」					
		質問と反問	質問と確認	質問と疑い	反問と確認	反問と疑い	確認と疑い
音域	全文	×	×	×	×	×	×
	文頭	×	×	×	×	×	×
	文末	×	×	×	×	×	×
持続時間	全文	×	×	×	×	×	×
	文頭	×	×	×	×	×	×
	文末	×	×	×	×	×	×

表 5–46　中国人学習者による「これみる？」の実験分析の結果

中国人学習者		「これみる？」					
		質問と反問	質問と確認	質問と疑い	反問と確認	反問と疑い	確認と疑い
音域	全文	×	×	×	×	×	×
	文頭	×	×	×	×	×	×
	文末	×	×	×	×	×	×
持続時間	全文	×	×	×	×	×	×
	文頭	×	×	×	×	×	×
	文末	×	×	×	×	×	×

5.3中国人学習者の問題

　本章で行われた実験をもとに、中国人学習者における問題点を整理してみると、次の通りになる。

　① まず、質問を表す文末のイントネーションについては、学習者による発話文では、文末は上昇しているが、その上昇振りは日本人ほど激しくない。文末上昇の持続時間については、学習者は母語話者より短い。全文調と文末イントネーションにおける音域平均

値は日本人母語話者と比べて、中国人学習者の方が小さいことが観察できる。全文の時間長においては、学習者による文末の持続時間が母語話者より縮んでいる。

　② 反問を表す発話文では、母語話者のピッチ曲線と対照しながら、文全体の上下変化は激しくないことも図の上ではっきりと観察できる。文全体と文末イントネーションにおける音域平均値は日本人母語話者と比べて、中国人学習者の方が小さいことがわかる。全文の時間長においては、中国人学習者の方が長いが、文末の持続時間が母語話者より縮んでいる。

　③ 確認を表す文では、全文調と文末イントネーションにおける音域平均値は日本人母語話者と比べて、中国人学習者の方が小さい。全文の時間長においては、文全体、文末の持続時間が母語話者より縮んでいる。

　④ 疑いを表す発話文の全文調、文頭と文末イントネーションにおける音域平均値は日本人母語話者と比べて、中国人学習者の方が小さい。全文の時間長においては、文全体、文頭と文末の持続時間が母語話者より縮んでいる。

　上述のことから、日本人母語話者による疑問文について、全文の音域で質問と反問、反問と確認、文末音域で質問と反問、確認と疑いを弁別し、全文と文末の持続時間で質問と反問、質問と疑い、反問と確認、確認と疑いを表すイントネーションを弁別できることがわかった。つまり、日本人母語話者は全文、文末の音域、全文と文末の持続時間はこの四つのイントネーションの区別に有効な音響的要素であったことが示唆された。文頭の音域と文頭の持続時間は四つのイントネーションを区別するのに有効ではないことも検証された。中国人学習者の場合、四つのイントネーションの音域、持続

時間には差があるが、ｆ検定の結果では有意差が検出されていなかったので、疑問文イントネーションの弁別素性ではないことが表明された。要するに、中国人学習者は日本語疑問文イントネーションを弁別する際に、日本人母語話者と同じような音響的な手段を使っていないことが明らかになった。

第6章　中国人学習者による中国語疑問文のイントネーション

　　第5章で実験分析をもとに、中国人学習者による日本語疑問文における問題点をまとめてみた。その問題点には、アクセントに関するものもあるし、イントネーションにまつわるもある。しかし、本稿はイントネーションに注目して考察を行うので、アクセントの問題は別の機会に譲りたい。本章では、「言語転移」を第二言語習得要因の一つとしてとらえ、中国人学習者による中国語疑問文イントネーションの音響音声学的な実験を通して得られた結果を中心に母方言との関連という面から学習者における問題点の原因を追究してゆく。

6.1母方言との関連

　　学習者が母語の次に言語を学ぶ過程は第二言語習得という。また、第二言語習得において、母語、母方言の影響がもっとも顕著に表れる分野が音声・音韻であるといわれている（戸田，2001a）。第二言語学習者はその成長の過程では、母語の音韻体系の影響を受け、何度も間違うことがある。このように学習者の母語が第二言語を習得する場合に何らかの影響を与えることを言語転移という。「言語転移は母語やそれ以外にこれまで学習した言語と、目標言語の類似点及び相違点から、学習者の意識・無意識的な判断により、目標言

語の運用上や、習得の過程上に現れる影響のことである」（奥野，2004）。対照言語研究時代には、言語転移は第二言語学習において極めて重大な問題である。Lado（1964）は対照言語分析の理論的枠組及び言語転移についての考えを次のように纏めた。「転移とは、母語の言語習慣を目標言語へ延長することである。これは学習者の自覚なしに行われる場合と、自覚の下に行われる場合とがある。転移された習慣が目標言語において容認可能なものであれば、促進的効果をもつ。転移された習慣が目標言語において容認不可能であれば、干渉となり、普通以上の学習負担がかかることになる」。どんな言語にせよ、第2言語を学習するときに深く関わってくるのが母国語がもたらす影響である。

　外国語学習時の母語の影響を「言語転移（language transfer）」と呼ぶ。プラスの影響を与えることを「正の転移（positive transfer）」、マイナスの影響を与えることを「負の転移（negative transfer）」という。母語と第二言語の構造が似ているときは学習が容易になり（正の転移）、異なっているときは誤用が生じたり、習得に困難をきたす（負の転移、または干渉）と考えられた。言語転移が習得過程に「いつ、どんな、どれぐらい」影響するのかという問題については、研究者によって言語転移のとらえ方が異なるが、第一言語音声的・音韻転移の重要性を主張するものが圧倒的に多い。第一言語経験（母語の音声的・音韻的知識）が第二言語音声学習に強い影響を持ち（Odlin, 1989）、音声の面では、第一言語による負の転移が起こる確率は100％に近いということが疑いない事実であるとさえ考えている学者もいる（Scovel, 2001）。また、音声・音韻は比較的な言語転移が起こりやすいと（迫田，2001）指摘した。したがって、第一言語からの音声的音韻転移を研究することは依然と

して第二言語習得研究における重要な課題である。言語転移は第二言語習得観の変遷に沿って、その用語自体に対する見方も変化している。以下は言語転移研究を概観し、中国人学習者の音声習慣が日本語疑問文イントネーションを習得する過程にどのように作用するかを論じてみる。

6.1.1 対照言語分析期

対照言語分析研究は、第二言語習得における母語の役割（母語転移・母語干渉）を最重要視する研究課題であった。行動主義言語学をその理論的な根拠とした。転移理論の基礎は行動心理学者スキーナの刺激・反応理論である。第二言語の刺激・反応の連合が母語の刺激・反応の連合と異なる場合、母語による転移が第二言語の新しい連合の獲得を妨げ、エラーが生じやすいということである。行動主義言語習得観は言語を習慣と見做し、外国語を習得することは新しい習慣を学習することを意味する。第二言語習得過程においては、古い習慣（母語知識）が新しい習慣（目標語知識）の学習を必ず妨げることを主張する。ここで、第二言語学習に悪い影響を与えると考えたため、「母語の干渉」という表現を用いた。その代表的な研究者は Stockwell and Bowen である。Lado（1964）は対照言語分析の理論的枠組みを要約すると、次のようになる。

(1) 言語学習は習慣形成によってなされる。

(2) 言語間には様々なレベルで違いが存在する。

(3) 母語と目標言語の類似点は学習を促進し、相違点は学習を阻害する。

(4) 外国語学習の困難点の大きな原因は母語の干渉（負の転移）である。

(5) 困難度は言語間のずれの大きさに比例する。

　(6) 類似点と相違点を明らかにすることで困難点を予測し、効果的な教授法が導き出される。

　　Lado（1964）が2言語間の相違によって母語の言語習慣が新しい言語習慣形成の過程にどのように作用するかを説明しようとしており、言語転移は第二言語習得のもっとも主要な要因として捉えられていたことが分かる。

　　Stockwell and Bowen（1965）はLado（1964）のものをもとに、「学習困難の階層化」を提示し、ゼロ転移の概念と選択の原理を導入し、困難度の階層を試みた。これで、対照分析研究は一方前進したと言える。

　　対照分析には、強い仮説と弱い仮説がある（Wardhaugh, 1970）。強い仮説によると、第一言語と第二言語を比較し、その生じられた結果は第二言語学習過程での困難さとエラーを予測することができるという。しかし、言語差異は言語学的概念で、困難点は心理学的概念であるため、学習の困難点は2言語の差異から直接に推測できない。言い変われば、対照分析理論は簡単な言語学的な方法で複雑な心理学的な問題を解決しようとする試みその自体には問題がある。また、2言語システムの対照分析に重点を置いて、学習者としての主体と学習客体としての学習過程を無視した。一方、弱い仮説によれば、二つの言語間に対照分析を行うと、どのようなエラーが母語と第2言語の差異によるものかが明確になるという。エラーのすべてが干渉による結果とは限定できないという点において、弱い仮説は強い仮説を進めたといえる。

　　しかし、この時期の研究は新しくゼロ転移という概念は導入されたが、科学的な手続きを用いて実証的な研究がほとんど行われていない。また、対照分析によって学習が困難であると予測される項

目では、実際にエラーは生じなかった（Ellis, 1985）ということが
指摘され、母語と第2言語の差異は第2言語学習の困難点であり、
学習過程で生じるエラーの主要な原因だという対照分析理論の基盤
は批判されるようになった。このように、70年代から、対照分析を
反論する研究も多くなった。

6.1.2 誤用分析

　　対照言語分析仮説が理論的、経験的、実践的に批判を浴びたこ
とにより、実際の誤りという研究方法に向けられるようになった。
このように、言語習得の過程における誤りに対する考え方が根本的
な変化が起こった。行動主義の外国語教育では、学習者の犯す誤り
は元来、望ましくなく矯正すべきものと考えられたが、 誤用分析
では学習者の過渡的な言語能力や学習の方略を理解する鍵を与えて
くれるものとして、誤りを手掛かりにしようとしたのである。 こ
うした見方は誤用が母語の干渉により生じ避けるべきものとして考
えられていた行動主義的な見解と違って、誤りが言語習得の過程に
必然的なに現れる現象であり、不可欠なものだと肯定的に捉え、学
習者の「過渡的な言語能力（transitional competence)」や学習の
方略（ストラテジー）を解明しようとするものである。すなわち、
外国語学習者の誤用を必然と捉え、学習者の頭の中でも絶えず規則
の仮説・検証を行なっているということである。

　　イギリスの応用言語学者Stephen Pit Corder （ 1918-1990
） が1967年に発表した論文「 The Significance of Learners'
Errors」で、「すべての誤りが母語・第一言語の干渉であるという
対照分析の予測は根拠がない」と主張することは行動主義への反証
となった。「学習者の誤りの重要性」という論文で第二言語習得研
究における誤用の重要性を次のように述べている。

(1)学習者の作り出す誤りを体系的に分析することで、学習者の到達段階を知ることができ、今後さらに何を学習すべきか判断できる。

(2)学習者の言語習得の過程やその手順、方略を知るうえでの貴重な資料を研究者が得ることができる。

(3)誤りが見られるということは、学習者が学習の対象となっている言語のシステムについての仮説の検証を行っている証拠であり、学習が進行中であることを学習者自ら確認することができる。

Corder は以上の3点において、学習者が産出する誤用は、教師と研究者、そして学習者自身にとって、意義があるものだと示唆した。

60 年代後半から 70 年代にかけて、こうした言語習得観や誤りに対する見方の変化をもとにして、誤りの分析の重要性を認める新しいアプローチが生まれ、誤用分析が盛んになされるようになった。

また、誤用分析は言語転移に対する新たな見方も生んだ。Odlin (1989) は「誤用分析により、母語の異なる学習者から同種の誤用が観察されたことのみならず、第一言語と第二言語の習得過程における誤りにも類似性があることが示され、2 つの習得過程の相違が果たしてどこにあるのか疑問が抱かれるようになったのである。」と指摘するように、それまでの言語転移が第二言語習得過程における決定的な要素であるという見解を大幅に見直したことがわかる。

70 年代に入ってから、第二言語に関して、実証的な研究が行われるようになった。その代表的な研究として、 Dulay and Burt の研究が挙げられる。 Dulay and Burt(1973) はスペイン語を母語とする 145 名の子どもの英語学習者 (ESL) の形態素使用に関する誤用について、Bilingual Syntax Measure(BSM) を用いて、発達的誤り

(developmental error)、干渉的誤り (interference error)、曖昧
な誤り (ambiguous error)、独特な誤り (unique error) のうち、
曖昧な誤りを除いたそれぞれの種類の誤りが全体の誤りに対して占
める割合を調べた。その結果、85%は発達的誤りであり、干渉的誤
りは全体の誤りの3%に過ぎないという。従って、Dulay らは、子
供は母語の習得と類似する方法で、第二言語を一つの独立した体系
として、構築する能力を持っていると主張した。　しかし、認知心
理学者の主張によると、子供は十分発達したスキーマを持っていな
いが、大人は母語の知識体系をすでに発達させていることが子供と
大人の第二言語学習における相違を示唆するものであり、子供と比
べ、大人のほうがより母語から干渉を受ける可能性を提示するもの
である。残念ながら、70、80年代までは、認知心理学の視点から誤
りの原因となる母語の影響を研究する論文はわずかである。一方、
Ellis (1994) が指摘したように、誤用分析が学習者の産出する誤用
が単に母語からの干渉のみで説明できないことを明らかにしたとい
う点において、第二言語習得研究に貢献をしたことが否定できない。
このようにして、この時期、言語転移に関する見解は習得に関わる
様々な要因のひとつに過ぎないと捉えるものになった。

6.1.3 中間言語

　　中間言語理論は認知心理学理論を元にし、発展したものである。
アメリカの学者 selinker は1969年、最初に「中間言語」という概
念を提出した。selinker (1972) は論文「interlanguage」の中で学
習者がそのような進歩の途中で産み出す、母語とも目標言語とも異
なる特有の言語体系を、中間言語 (interlanguage) という用語を初
めて示した。当時、Corder (1967、1971)は「過渡的能力 (transitional
competence)」と「特異方言 (idiosyncratic dialect)」、Nemser (1971)

は「近似体系」という用語を使用し、中間言語と同じ概念を表した。

　Selinker(1972) は第二言語習得と第一言語習得との最大な区別は大部分の第二言語習得学習者の中間言語は発展の過程のある段階に化石化 (fossilization) 現象がみられるということにあると指摘した。また、中間言語に及ぼす要因について、以下の5点が挙げられた。

　(1) 言語転移 (languagetransfer)：学習者の母語（または既習の言語）が第二言語の習得過程に及ぼすなんらかの影響

　(2) 過剰般化 (overgeneralization)：ある一つの規則を別の項目も適用し、広く一般化すること

　(3) 訓練上の転移 (transfer of training)：教室内で教師の指導やが学習者の習得に与えるマイナスの影響

　(4) 学習方略 (learningstrategy)：学習を成功させるための学習者の具体的な行動や態度

　(5) コミュニケーション方略 (communication strategy)：学習者が目標言語を用いてコミュニケーションをとる際、足りない知識を補うためにとる行動や態度

　このように、中間言語理論は誤用分析より一歩進んで、自然な言語習得過程で間違っている項目だけでなく、全体から、学習者の体系に出る現象を明らかにしようとする研究といえる。

　当時、「中間言語」の概念については、学習者様々な用語で解釈されたが、学習者特有の言語体系が存在するという点において、見解が一致していた。

　今日における「中間言語」に関する代表的な観点は主に二つある。一つは行動主義者の学習理論を基盤にするもので、再構築連続 (restructuring continuum: Corder 1978) 体系と呼ばれている。こ

れは中間言語の連続性は L1 の言語システムを出発点にして形成され、それが次第に L2 の言語システムに置き換えられるという考えである。

　もう一つはチョムスキーの生得説を理論の基盤にするもので、再創造連続体（recreation continuum： Corder 1978）という。これは学習者が幼児の第一言語習得と類似した方法で、第二言語の規則体系を創造してゆくという考えである。前者はとくに発音やイントネーションという音声面での中間言語の連続体が考えられ、関係代名詞や否定詞などのある特定の項目の習得言語については母語にかかわらず類似した過程を辿るとされ、主に後者が支持されている。（奥野 2005）中国の学者の多くは後者に焦点をあてたが、前者という視点からの研究はまだ不十分である。実際には、中間言語の影響から見ると、この二つの考えはお互いに影響しあいつつ、発展していく。中間言語は特定の言語ではなく、学習者が第二言語習得の過程での言語体系とされている。ある程度では、中間言語は母語が第二言語学習者に及ぼした影響とそれが一定の習得順序及び発展の特徴に従うことを表すが、母語だけと理解されるのは妥当ではない。中間言語はより複雑な言語体系で、その国の共通語以外に、学習者が親、外界から習得した言語（及び言語知識）も含む。言語転移理論によると、中間言語も固定しているものではない。山岡 (1997) は、中間言語の解釈を以下の 6 点にまとめている。

　（1）体系惟：ある時点において構築する中間言語の規則は体系性を備えている。

　（2）浸透性：中間言語の体系は不完全で流動的であり、新しい言語形式や規則及び、学習者の母語の浸透を受ける。

　（3）遷移性：中間言語の連続体は、浸透性の結果として、絶

えず改訂されてゆく。

(4) 普遍性：中間言語の体系は普遍的な言語的制約に従った体系であり、母語の影響は少ない。ただし、母語の影響を全て排除するものではない。

(5) 変異性：ほぼ同一時点の同一個人の中間言語において変異がみられる。

(6) 化石化：中間言語の体系には化石化が伴う。

以上述べたように、Selinker(1972)と山岡 (1997) が中間言語を検討する際、両者とも化石化という概念を打ち出した。Selinkerは第二言語学習者の約90％が中間言語連続体の終点まで達することができなく、彼らは中間言語のどこかで化石化が起こってしまうと主張した。つまり、学習者が中間言語発達のある段階で、その学習をやめてしまうということである。化石化現象は中間言語の最も顕著な特徴ともいえる。

1970 年から、中間言語に関する実証的研究も行われるようになった。それについての研究を大きく分けると、学習者間の共通性を検討するもの (Dulay and Burt, 1973、1974、1975) と学習間の相違点を吟味するものである。(Schachter1974 , Zobl 1980) Dulayらの研究は英語の形態素の学習順序に注目して、その学習の過程をあきらかにしようとしたものである。その結果として、第二言語の学習は学習者の年齢、国籍、学習環境などを問わず、ほぼ一定した学習順序をたどっていくということが分かった。Schachter らの研究によると、母語の影響とエラーの関係が確かめられただけでなく、回避や過剰生産にも母語による転移の存在が確認された（馮,1994）。学習エラーは母語の干渉によるものとほかの要因によるものと両方の可能性があることがわかる。

　　以上の対照分析、誤用分析、中間言語という三つの時期におけ
る第二言語習得観の変化に伴い、言語転移は主要な原因ではなくな
ったことと言語転移における多様性も指摘された。Odlin(1989) は
言語転移は単に習慣形成の結果ではない、単に干渉ではない (負の
転移、正の転移) 、単に母語への依存ではない (回避、促進的作用)、
必ずしも母語の影響ではない (母語以外の既知の言語) 、全ての言
語下位体系に現れる (形態·統語·談話·語彙·発音 etc.) と述べた。
本研究に関する音声上などの転移について、Odlin は母語の音韻体
系の中で発音することで生じる無意識的なものであることを示し、
言語転移には意識的なものも無意識的なものもあると捉えている。
つまり、第二言語習得過程では、言語転移を母語からのものだけで
はなく、母語からの転移があることは否定できない。したがって、
本章では、被調査者である北方方言を母方言とする中国人日本語学
習者の有する言語背景を明らかにした上で中国人日本語学習者にお
ける日本語疑問文のイントネーションの習得と母国語からの音声上
の転移について検討してみる。本研究では、「母語の影響」という
用語を用いる場合があるが、「言語転移」と同義で使われている。

6.2 中国語イントネーションの特徴

　　2.2.1 での広義的なイントネーションの定義に従って、中国語
イントネーションは二重性、多次元性、連続性という特徴を持って
いる。本節では、中国人学習者が日本語を習得する過程において、
中国語イントネーションの特徴がどのように作用するかを実験分析
の結果から考察する。

6.2.1 中国語イントネーションの二重性

　　中国語イントネーションの二重性に関する研究は少なくない

が、二重性への解釈は違う。例えば、沈炯（1985）は声調は文のピッチ高さに対しての最初の調節、イントネーションは文のピッチ高さの再調節であると述べた。全体と局部研究に分ける学者もいる。王萍、石鋒（2011）は語レベルと文レベルのイントネーションの韻律は性質が違うと指摘して、言語韻律層を系統的にまとめた。Hirst（2004、2011）はマクロメロディーとミクロメロディーを明確に分けた。マクロメロディーはプロミネンス及びイントネーションなどと関係のあるピッチ変化を指し、ミクロメロディーは阻塞音がピッチ曲線への阻みと不規則な効果を指す。イントネーションに関する研究の中で、近年、音声形式と機能を統合して、イントネーション機能表記システムを作った。しかし、Hirst の研究はピッチ高さに焦点を当て、言語韻律はそのイントネーションシステムを構成する一部分であると主張している。マクロとミクロという両方面からイントネーションを分析するのは、各種のイントネーションの特徴をはっきりと説明することができるから、イントネーションの研究に重要な意義がある。各種類のイントネーションの差異は発話文内部の各声学的要素の組み合わせのみならず、文全体の声学的特徴にもある。従って、本研究はまず、文全体を対象にして、質問、反問、確認、疑いという四つの意味を表すイントネーションを比較し、さらに音長、音高などの各声学的要素の関係から、これらの韻律特徴はイントネーションの変化への影響を検討する。

6.2.2 中国語イントネーションの多次元性

中国語イントネーションの音高、音長、音強は発話文の韻律特徴であり、イントネーションの三要素とも言える。呉宗済（2004）は韻律特徴の間の補償規則を次のように説明した。「アクセントは主な韻律特徴で、音強、音長と共存し、アクセントが上がると下が

る同時に、音長は縮むあるいは伸ばすが逆にも成立できる。アクセントが上がると下がる同時に、音強は増強、減弱するが逆に成立できない。音長は増加と減少する同時に、音強は増強あるいは減弱するが、逆になれば、成立できる。」また、前述の韻律特徴の関係を図にして、以下のようになる。

　　アクセントの高 / 低　→←　音長の長 / 短

　　アクセントの高 / 低　→　　音強の強 / 弱

　　音長の長 / 短　→←　音強の強 / 弱

　　"→"単行的補償を示す、　"→←"双行的補償を示す。

　　呉宗済は以上の四つの韻律特徴の間の関係を明らかにしたが、具体的なデータがないので、イントネーションの音響音声学的な実験で検証できるかはまだ不明である。

　　徐世栄 (1999) は「モダリティは全文のイントネーションの抑揚を含む。ポッズ、スピードの速さ、音量の大きさは感情を表す表現と密接な関係がある。」と述べる。周殿福 (1955) は「文のイントネーションはピッチの高さ、長さ以外に、声の重さ、速さ、ポッズなどの要素の変化と関係がある。」という。つまり、イントネーションの多次元性とはイントネーションのこれらの韻律特徴のことである。中国語イントネーションは遅延プラスアクセントの連続変調で、モダリティイントネーションの上げ下げ変化で形成され、陳述文、感嘆文、命令文などを構成する（呉潔敏・朱宏達, 2001）。イントネーションは音高、音強、音長、音速、ポーズ、音質など多くの要素がお互いに影響しあう結果であり、全文の抑揚と他の音声現象変化の結果であることが提示された。しかし、イントネーションに関する研究の中では、最初は音高だけに焦点を当て、音長を考慮に入れていなかった。その後の研究、音長、音強、音質などの要

素を分析するようになった。これは実際、種々の角度からイントネーションを考察するやり方である。例えば、王萍、石锋（2010、2011）はこのようにして、「起伏度、遅延率、音量比」という概念を提出し、音高、音長、音強の角度からイントネーションを描いた。イントネーションの多次元性は音声の構成要素にかかわっているため、本研究はイントネーションに関する研究であるから、音質については立ち入らず、ただ、音長、音高という超文節の要素を分析の対象とする。

6.2.3 中国語イントネーションの連続性

イントネーションシステム自身は母音システム、語義システムなどのような連続体と見なすことができるが、各イントネーションの間の限界はまだ明らかではない。呉宗済（1996）は陳述文のイントネーションの基本調域をあげ下げすることで、違うモダリティのイントネーションを生成することができ、発話文の文頭、文末あるいは他の部分を修正すれば、その発話の自然度を増加することもできると指摘した。つまり、各モダリティの差異は各イントネーションの調域にある。言い換えれば、基本調域はモダリティを区別するのに重要な役割を果たしている。陳虎（2007）は実験を通して、イントネーションの間の区別は絶対的ではなく、お互いに転換できることを発見した。これは、陳述、疑問、命令、感嘆という四つのイントネーションでは、各イントネーションの内部には、ある程度の区別ができていると言える。典型性と非典型性的イントネーションが存在することも示唆された。林茂灿（2006）は疑問イントネーションに対しての研究は疑問モダリティには五つの程度があることを証明した。命令を表すイントネーションにも程度の差がある。例えば、弱命令と強命令など（郭, 2007）。要するに、イントネーショ

ンの調域を変えることで、違うモダリティを表すことができる。調域はイントネーションが表すモダリティを弁別する重要な一要素であるから、本章は、中国人学習者による質問、反問、確認、疑いという四つの意味を表すイントネーションの調域に注目し、中国人学習者のイントネーションの特徴を分析してみる。

6.3 中国語の音声特徴

　　外国語を学習するときに、母国語からの干渉はよく学習者をこまらせる。このような干渉は母国語の音声、語彙、文法からの影響だけでなく、母国の文化背景からの干渉もある。その中に、音声からの干渉は排除するのは一番難しい。各言語は独特な音声特徴を持っているので、第二言語学習者は目標語を習得する際、母国語と目標語の間には音声上での差異がどこにあるかを明らかにしなければならない。そして、母国語の中の目標語と近似する要素をそのまま目標語の要素として使うのは、自然な目標語を習得できない。中国人学習者は日本語イントネーションを習得する過程において、母国語からの影響を受け、学習が妨げられ、前の段階に進めないことがしばしばある。中国人学習者にとってイントネーションの習得が困難である理由として、学習者の母語と日本語における音韻構造の相違が挙げられる。第二言語習得において母語干渉が最も顕著に表れる分野が音声・音韻であるため、イントネーションの習得にも母語の影響が大きい。従って、母国語の音声・音韻からの干渉を弁別することは学習者がより早く、正しく目標語を把握できるかどうかに関わる。

　　日本語はピッチアクセントを有する言語である。アクセントは単語レベルでのピッチ変化なのに対し、イントネーションは、句

や文レベルでのピッチ変化ということになる。日本語のイントネーションはアクセントの上にかぶさっている。一般的に、イントネーションによって、アクセントが崩れることはない（松崎・河野, 1998）。それに対して、中国語は有声調言語であるから、イントネーションは中国語の音韻構造の重要な特徴の一つになる。中国語と比べて、日本語は音声システム、文法体系には大きな差があることは中国人学習者にとって習得の難点である。

現代中国語は様々な方言があり、広い地域に分布している。現代中国語の各方言には、音声、語彙、文法などの差異がある。音声面での差がもっとも顕著である。中国の方言は「七大方言」という種類分けをされることが一般的である。七大方言とは、北方、呉、粤、閩、湘、客家、贛の 7 種類の方言である。

1. 北方方言（北京語など）：中国の北方地域を中心に話されている方言で、現在の中国の標準語（普通話）である。

2. 呉方言（上海語）：中国・上海市およびその近郊で話されている方言である。6 種類の声調があり、独自の文字はないため、標準語の漢字（簡体字）を用いて表現することもある。

3. 粤方言（広東語）：中国南部、広東地域で使われている言葉で、9 種類の声調がある。

4. 閩方言（閩南語、福建語など）：台湾や福建省及で周辺で使われている言葉を総称して、閩と呼ばれている。

5. 湘方言（湘南語）：中国の内陸部・湖南省で使われている方言である。

6. 客家方言：福建省の内陸部に暮らす客家の間で使われている言葉で、その後海外に移住した多くの客家の影響で華僑の間でも使用されている。

　7.　贛方言（江西語）：江西省で使用されている方言である。

　現在は一部の高齢者や少数民族を除いて、学校教育をうけたほとんどの人が普通話を使うので、本研究は各方言の違いに触れず、中国北方生まれ、北方育ち、北方方言を母語とする学習者を選んで、その実験の対象とする。

　中国語の北方方言即ち標準語のイントネーションの特徴をまとめると、一般的に、昇調、降調、曲調、平調という四種類に分類され、特に文末の音節で表現される。

　（1）昇調：文の前の部分は低く、後ろの部分は高い。文の勢いが徐々に上昇する。文末に符号（↗）で表示する。疑問、反問、驚き、命令、呼びかけなどの語気を表す。

　（2）降調：文の前の部分は高く、後ろの部分は低い。文の勢いが徐々に下降する。文末に符号（↘）で表示する。決断、感嘆、自信、平淡或いは情緒が穏やかなどの語気を表す。

　（3）平調：文の前の部分と後ろの部分が同じ高さを保つ。文の勢いが穏やかで、顕著なピッチ変化がない。平穏な情緒、冷淡、悲痛、明確ではない意見、厳粛、叙述などの語気を表す。文末の音節は平らに延長する。

　（4）曲調：文の前の部分と後ろの部分は曲折のピッチ変化がある。前が上昇、後ろが下降するのもあるし、その逆のもある。皮肉、驚き、反語、疑い、ユーモーア、大げさなどの複雑な感情を表現する。

　文イントネーションと文末ピッチの高低変化は文の意味を影響している。文イントネーションのピッチ高さと文末の昇降で疑問と陳述モダリティを弁別するのはよく見られる。

　また、中国語のイントネーションによって、違う「語気」を表すことができる。語気は表現したい内容であり、語調はその内容を

表現する形式のひとつである（葉軍 2001）。中国語の語調と語気について、趙元任は以下のようなことを詳細に記述している。（趙元任 1979）

(1) 正常語調 ： 通常の陳述。 長い文では文末がやや下がる。単純な声調連続。

(2) 先揚後抑語調 ： 最初の句は比較的高い。 基調として高くて、 乱高下ではない。

(3) 最後部の加速 ： 簡単な疑問文や命令文などではがやや加速する。

(4) レンジの拡大：軽い話題、恨み、愚痴のような場合。全体的に高い。

(5) 音程が高く静かな物言い：2 往復目の問い等。

(6) 裏声 （falsetto）：耐え難さ、強烈な不満。

(7) 低い音程 ： 厳粛、賛揚、 強烈な感情。 全体に低くレンジは小さい。

(8) 低く荒っぽい物言い：証拠を追求する問い等。

(9) 低く早い：挿入句等。

(10) 負のポーズ：急いで付け加える場合等。

(11) 文末の上昇と下降：助詞として扱う。

(12) 任意の強音 ： 怒り、 耐え難さ。 すべての音節にストレス。

趙元任は直感的な語感によって、語調を細分した。しかしこの記述では，語調の種類と語気による表現内容が混在していて、整理されていない。語調の基本的なパターンについては、呉潔敏・朱宏達は、以下の 5 種類を挙げている。

(1) 平らな調子 「平調」

(2) さがり調子　　「降調」　　主に陳述文

(3) 昇り調子　　　「昇調」　　主に疑問文

(4) でこ調子　　　「凸曲調」主に命令文

(5) ぼこ調子　　　「凹曲調」主に反間文

(呉潔敏・朱宏達，2001)

　一般には、語気の分類として、陳述、 疑問、 命令、 感嘆、反間、驚き、呼びかけなどに分けられるが、葉軍（2001）は語調のパターンは陳述語調、疑問語調、 感嘆語調の3つに分類されている。本研究は疑問、反間、確認、疑いという四つの語気を表す疑問文の語調を考察の対象にし、音響音声学的な手段を使い、中国語疑問文イントネーションの特徴を解明する。

6.4 中国人の生成した疑問文の実験分析

　本節では、中国人母語話者による質問、反間、確認、疑いを表す疑問文「这个你买？」「这个你要？」のイントネーションについて考察する。

　以下では、4.1.2.3にある中国語の発話資料を4.2.4の分析方法で6人の中国語母語話者の発話における文末の上昇割合と上昇度を算出した（表6-1～表6-8）。図6-1～図6-8に示したのは最も平均値に近いもので、それぞれDXH、QPP、QPP、DXH、DXH、DXH、NL、WFによる発話のピッチ曲線である。図中で各音節をピンインで表記する。

　まず、ピッチ曲線について、これらの八つの図を観察してみると、「这个你买？」という疑問文では、文頭「这个」は高い点から急に下降し、「你」のところから上昇し、「买」のところからまた下降し、母音「i」のところから再び上昇する様子が見られる。こ

の四つのイントネーションのピッチ曲線を比較してみると、質問と確認を表すイントネーションの上昇振りは非常に緩やかになっていることが分かる。また、文末の上昇終点は全文の最高点を超えていないことにも共通している。「这个你要？」では、疑いの文末上昇ぶりが他のイントネーションと比べて、激しいことが観察できる。一番平らに上昇するのは確認を表すイントネーションである。述語「要」のアクセントが四声であるから、文末が下降してから上昇することになっている。これは楊（2010a）が指摘する「音声形式において、中国語の第１音節はもとの声調の型を保持しているが、第２音節はもとの声調に関係なく、すべて上昇している。」とは違う。

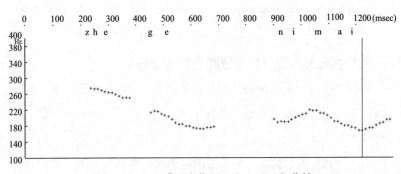

図6-1　DXH「这个你买？」のピット曲線

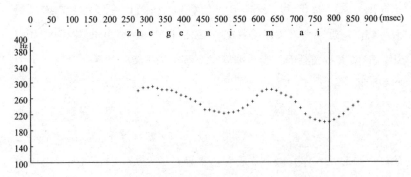

図6-2　QPP「这个你买？」のピット曲線

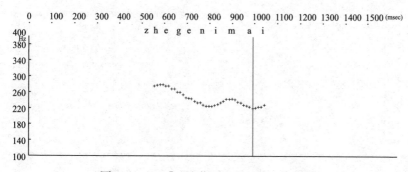

図 6-3　QPP「这个你买?」のピット曲線

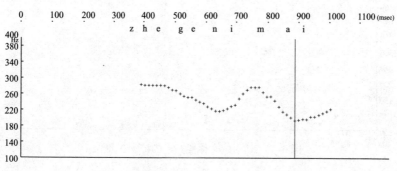

図 6-4　DXH「这个你买?」のピット曲線

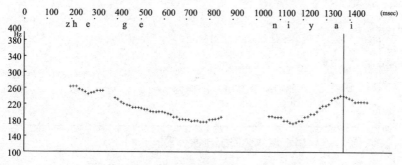

図 6-5　DXH「这个你要?」のピット曲線

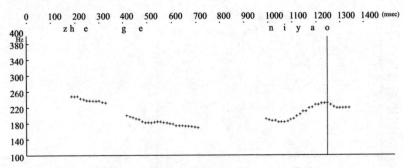

図 6-6　DXH「这个你要？」のピット曲線

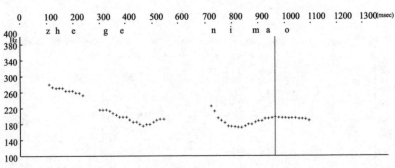

図 6-7　NL「这个你要？」のピット曲線

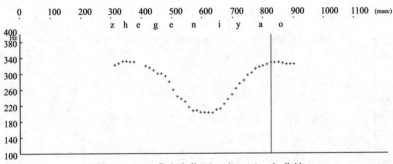

図 6-8　WF「这个你要？」のピット曲線

　　次に、上昇度について：表6-1〜表6-8に示されているように、被験者の中にWZが録音する過程では、環境と心理的な要素で有効なものにならないから、実験分析対象外とする。以下の上昇度の数値から見ると、「这个你买？」では、反問の上昇度が高く、確認の上昇度が低いことが観察される。一方、「这个你要」では、全体的から見れば、上昇度は「这个你买？」より低い。これは述語「要」の声調が四声であるため、文末の上昇ぶりが抑えていると思われる。この四つのイントネーションは疑いと反問の上昇度は質問と確認より高いことも見られる。

表6-1　質問を表す「这个你买？」の上昇割合と上昇度

発話者	DXH	NL	QPP	WF	WZ	ZJY
上昇割合	1.18	1.24	1.13	1.23	0.81	1.38
上昇度（Hz/ms）	0.31	0.33	0.27	0.24	−0.13	0.36

表6-2　反問を表す「这个你买？」の上昇割合と上昇度

発話者	DXH	NL	QPP	WF	WZ	ZJY
上昇割合	1.31	1.60	1.23	1.36	0.82	1.11
上昇度（Hz/ms）	0.51	0.66	0.51	0.53	−0.11	0.09

表6-3　確認を表す「这个你买？」の上昇割合と上昇度

発話者	DXH	NL	QPP	WF	WZ	ZJY
上昇割合	1.34	1.34	1.17	1.36	0.82	1.21
上昇度（Hz/ms）	0.52	0.32	0.33	0.54	−0.11	0.14

表6-4　疑いを表す「这个你买？」の上昇割合と上昇度

発話者	DXH	NL	QPP	WF	WZ	ZJY
上昇割合	1.02	1.44	1.19	1.36	1.45	1.43
上昇度（Hz/ms）	0.03	0.52	0.34	0.61	0.31	0.32

表 6-5　質問を表す「这个你要?」の上昇割合と上昇度

発話者	DXH	NL	QPP	WF	WZ	ZJY
上昇割合	1.07	1.06	1.03	1.04	1.02	1.10
上昇度（Hz/ms）	0.19	0.09	0.22	0.19	0.05	0.07

表 6-6　反問を表す「这个你要?」の上昇割合と上昇度

発話者	DXH	NL	QPP	WF	WZ	ZJY
上昇割合	1.11	1.22	1.04	1.07	1.05	1.11
上昇度（Hz/ms）	0.26	0.33	0.26	0.33	0.05	0.08

表 6-7　確認を表す「这个你要?」の上昇割合と上昇度

発話者	DXH	NL	QPP	WF	WZ	ZJY
上昇割合	1.11	1.08	1.01	1.06	1.27	1.15
上昇度（Hz/ms）	0.22	0.23	0.06	0.32	0.18	0.11

表 6-8　疑いを表す「这个你要?」の上昇割合と上昇度

発話者	DXH	NL	QPP	WF	WZ	ZJY
上昇割合	1.18	1.13	1.07	1.04	1.23	1.17
上昇度（Hz/ms）	0.28	0.26	0.35	0.22	0.17	0.14

　　音域：表 6-9 から表 6-9 から見ると、「这个你买?」においては、文末は全文と同じように音域は確認から、質問、反問、疑いへと広くなっていくことが観察される。文頭は確認、質問、疑い、反問という順で音域の数値が大きくなる。「这个你要?」においては、全文の音域は確認から、質問、疑い、反問へと広くなっていく。文頭は質問の音域が一番狭い、確認のほうが一番広い。文末は質問、確認、疑い、反問という順で音域が広くなっていく。f 検定の結果は文頭においては、「这个你买?」と「这个你要?」両方とも有意差が検出されていなかった。全文においては、「这个你买?」は質問と確認、反問と確認、確認と疑いの間、「这个你要?」は質問と反問、反問

と確認、確認と疑いの間に有意差がある。文末には、この 2 種類の疑問文は質問と反問、確認と疑いの間には顕著な有意差がみられる。また「这个你买?」の文末音域は質問と疑い、反問と質問、「这个你要?」では、反問と確認にも有意差が検出された。

表 6-9　中国人学習者による四つのイントネーションの全文調の音域（平均値）と f 検定の結果

文	範囲	全文調			
	調種	音域	質問	反問	確認
这个你买?	質問	6.94			
	反問	8.23	0.36		
	確認	5.32	0.05*	0.02*	
	疑い	8.25	0.31	0.80	0.04*

注 1 : 調種は質問、反問、確認、疑いという意味を表すイントネーションの種類を指す。

2 : "*" P < 0.05, "**" P < 0.01 を示す。

表 6-10　中国人学習者による四つのイントネーションの文頭の音域（平均値）と f 検定の結果

文	範囲	文頭			
	調種	音域	質問	反問	確認
这个你买?	質問	4.81			
	反問	5.07	0.78		
	確認	4.53	0.77	0.57	
	疑い	4.98	0.86	0.93	0.65

表6-11　中国人学習者による四つのイントネーションの文末の音域
（平均値）と f 検定の結果

文	範囲	文末			
	調種	音域	質問	反問	確認
这个你买?	質問	5.24			
	反問	7.45	0.04*		
	確認	5.08	0.74	0.04*	
	疑い	8.25	0.009**	0.53	0.009**

表6-12　中国人学習者による四つのイントネーションの全文調の音域
（平均値）と f 検定の結果

文	範囲	全文調			
	調種	音域	質問	反問	確認
这个你要?	質問	6.55			
	反問	8.45	0.04*		
	確認	6.10	0.49	0.01**	
	疑い	7.28	0.21	0.12	0.05*

表6-13　中国人学習者による四つのイントネーションの文頭の音域
（平均値）と f 検定の結果

文	範囲	文頭			
	調種	音域	質問	反問	確認
这个你要?	質問	4.56			
	反問	4.59	0.97		
	確認	5.10	0.55	0.62	
	疑い	5.03	0.52	0.62	0.94

表 6-14　中国人学習者による四つのイントネーションの文末の音域
（平均値）と f 検定の結果

文	範囲	文末			
	調種	音域	質問	反問	確認
这个你要?	質問	4.86			
	反問	7.47	0.03*		
	確認	5.05	0.78	0.02*	
	疑い	6.57	0.07	0.39	0.04*

　持続時間：表 6-15 から表 6-20 を観察すると、中国人学習者による質問、反問、確認、疑いという四つの意味を表すイントネーションにおける全文の持続時間については、「这个你买?」と「这个你要?」は確認、質問、疑い、反問という順で長くなっていくことがみられる。文頭の持続時間も確認の持続時間が一番短く、反問が一番長いが、「这个你买?」の質問は反問より長い。それに対して、「这个你要?」では、質問の文頭持続時間は反問より短い。文末の持続時間については、質問が一番短いという点においては同じであるが、四つのイントネーションの中で持続時間が一番長いのは違う。「这个你买?」では、疑いのほうが長いが「这个你要?」では反問のほうが長い。

　これらの数値に f 検定を行った結果として、以下のようなことが示された。

　1)　「这个你买?」について、全文と文末の持続時間は質問と反問、質問と疑い、反問と確認、確認と疑い、文頭は確認と疑いの間には有意差が検出された。

　2)　「这个你要?」について、全文の持続時間は質問と反問、質問と疑い、反問と確認、確認と疑い、文末は質問と反問、反問と

確認の間には有意差があるが、文頭には有意差が検出されていなかった。

表6-15　中国人学習者による四つのイントネーションの全文の持続時間
（平均値）と f 検定の結果

文	範囲	全文			
	調種	平均時間長	質問	反問	確認
这个你买?	質問	650.44			
	反問	765.26	0.04*		
	確認	636.95	0.67	0.02*	
	疑い	752.65	0.01**	0.78	0.004**

表6-16　中国人学習者による四つのイントネーションの文頭の持続時間
（平均値）と f 検定の結果

文	範囲	文頭			
	調種	平均時間長	質問	反問	確認
这个你买?	質問	223.23			
	反問	223.18	0.76		
	確認	192.62	0.23	0.16	
	疑い	238.82	0.47	0.78	0.02*

表6-17　中国人学習者による四つのイントネーションの文末の持続時間
（平均値）と f 検定の結果

文	範囲	文末			
	調種	平均時間長	質問	反問	確認
这个你买?	質問	408.43			
	反問	481.62	0.04*		
	確認	418.50	0.67	0.04*	
	疑い	485.29	0.03*	0.91	0.02*

表6-18　中国人学習者による四つのイントネーションの全文の持続時間
（平均値）と f 検定の結果

文	範囲	全文			
	調種	平均時間長	質問	反問	確認
这个你要?	質問	636.44			
	反問	764.89	0.01**		
	確認	624.57	0.74	0.008**	
	疑い	725.231	0.04*	0.32	0.02*

表6-19　中国人学習者による四つのイントネーションの文頭の持続時間
（平均値）と f 検定の結果

文	範囲	文頭			
	調種	平均時間長	質問	反問	確認
这个你要?	質問	189.18			
	反問	214.54	0.39		
	確認	187.41	0.96	0.46	
	疑い	228.38	0.18	0.66	0.26

表6-20　中国人学習者による四つのイントネーションの文末の持続時間
（平均値）と f 検定の結果

文	範囲	文末			
	調種	平均時間長	質問	反問	確認
这个你要?	質問	409.80			
	反問	461.02	0.04*		
	確認	413.34	0.85	0.04*	
	疑い	450.51	0.11	0.65	0.11

6.5　まとめ

　　上記の実験分析により、中国語の２語文「这个你买？」と「这个你要？」において、質問、反問、確認、疑いという４つの意味を表すイントネーションの特徴を以下のようにまとめられる。

1)音域：疑問文「这个你买？」と「这个你要？」は両方とも文頭における音域の有意差がない。「这个你买？」においては、全文と文末の音域は確認と疑いとの差が大きく、反問と疑いの全文の音域の差が小さく、文末の音域は質問と反問の差が小さい。「这个你要？」では、全文、文頭、文末の音域はいずれも四つのイントネーションの間の差が小さい。

2)持続時間：「这个你买？」における持続時間の平均値は「这个你要？」より長い。四つのイントネーションの間には持続時間の差が小さい。

3)f検定の結果、「这个你买？」では、文末の持続時間、音域と全文の持続時間がそのイントネーションの区別において、有効に関与することが示された。「这个你要？」では、全文と文末の音域、全文、文末の持続時間はイントネーションの弁別の音響的特性であり、文末の音域と全文の持続時間は優先的に考える弁別要素であることが示唆された。

以上の結果から、中国人学習者は全文と文末の音域で反問と確認、確認と疑い、文末持続時間で質問と反問、反問と確認だけを弁別できるが、全文の持続時間で質問と反問、質問と疑い、反問と確認、確認と疑いを弁別できるということも明らかになった。要するに、中国人学習者は反問と確認、確認と疑いを弁別する際に、全文の音域と全文の持続時間はその主な音響的要素であることが表明された。文末の音域と文末持続時間は反問と確認の弁別だけに関与していることもわかった。

以下の表6-21と表6-22は実験分析の結果をまとめ、簡略化したものである。

表 6–21　中国人学習者による「这个你买?」の実験分析の結果

中国人学習者		「这个你买?」					
		質問と反問	質問と確認	質問と疑い	反問と確認	反問と疑い	確認と疑い
音域	全文	×	有意差あり	×	有意差あり	×	有意差あり
	文頭	×	×	×	×	×	×
	文末	有意差あり	×	顕著差あり	有意差あり	×	顕著差あり
持続時間	全文	有意差あり	×	顕著差あり	有意差あり	×	顕著差あり
	文頭	×	×	×	×	×	有意差あり
	文末	有意差あり	×	有意差あり	有意差あり	×	有意差あり

表 6–22　中国人学習者による「这个你要?」の実験分析の結果

中国人学習者		「这个你要?」					
		質問と反問	質問と確認	質問と疑い	反問と確認	反問と疑い	確認と疑い
音域	全文	有意差あり	×	×	顕著差あり	×	有意差あり
	文頭	×	×	×	×	×	×
	文末	有意差あり	×	×	有意差あり	×	有意差あり
持続時間	全文	顕著差あり	×	有意差あり	顕著差あり	×	有意差あり
	文頭	×	×	×	×	×	×
	文末	有意差あり	×	×	有意差あり	×	×

第7章　結論と今後の展望

　本章では、まず、本書の結論をまとめたうえで、日本語音声学習の難点及び音声教育の現状を概観し、近年教育現場で用いられている音声指導方法と発音教材について検討し、イントネーション教育に提言をする。最後に今後の研究課題について述べる。

7.1考察と結論

7.1.1 考察

　これまで、中国人学習者が生成した疑問文「这个你买？」と「这个你要？」の４つのイントネーションについて分析した。この結果は第五章の統計結果と比べて、中国人学習者が日本語疑問文を習得する際に、母語話者とどのような相違点があるか、それに、学習者は日本語疑問文のイントネーションが習得できない原因についても考察する。

　まず、中国人のピッチ曲線から見れば、日本語疑問文も中国語疑問文も質問と確認の文末上昇ぶりは緩やかで、反問と疑いは激しいことが観察される。一方、日本人母語話者の場合は疑いの文末上昇ぶりが一番激しく、確認の上昇ぶりが一番緩やかであることがはっきり見られる。このことから、中国人学習者は４つのイントネーションには違いがあることを知っているが、どこが違うのかまだわからないため、中国語疑問文のイントネーションの特徴をそのまま

類推して、日本語疑問文イントネーションの弁別に応用したのだと考えられる。また、f 検定の結果によると、学習者による日本語疑問文の４つのイントネーションには統計的な有意差が検出されなかったので、学習者がこの４つの表現意図を表す日本語疑問文イントネーションが習得されたとは言えない。

　次に、文末上昇度について、前章の実験分析から中国人学習者による日本語疑問イントネーションの上昇度の平均値の差は母語話者より小さいことが観察された。本章で得られた中国語疑問文の上昇度の平均値と対照してみれば、中国語疑問文の上昇度と日本語疑問文の上昇度との差が小さい。これらのことから、学習者は日本語疑問文イントネーションを生成する際に、母国語である中国語の影響を多少受けていたことを推測できる。これは邱（2004）が指摘したように学習者は疑問文の文末上昇を習得し、疑問という発話意図は表現できているが、母語話者のような疑問型上昇調を習得できるとは言えない。また、疑問文「これいる」では、日本人母語話者と中国人学習者による質問、反問、確認、「これみる？」では、質問、確認のイントネーションには有意差が検出されたことも学習者が実際に日本語疑問文のイントネーションを完全に把握できていないことが検証された。

　第三に、音域と持続時間の分析結果から、疑問文「这个你买？」の四つのイントネーションにおいては、全文の音域で質問と確認、反問と確認、確認と疑いを区別できるが、文末音域で質問と反問、質問と疑い、反問と確認、確認と疑いを区別できることが分かった。また、全文と文末の持続時間で質問と反問、質問と疑い、反問と確認、確認と疑いを弁別できることも見られる。また、疑問文「这个你要？」においては、全文、文末の音域は質問と反問、反問と確認、

確認と疑いのイントネーションを弁別する音響的な手段であり、全文と文末の持続時間は質問と反問、反問と確認を弁別する主な音響的な要因であることも示された。中国人学習者によるこの両疑問文の平均値から見ると、全文のと文末の音域は反問＞確認、疑い＞確認、全文と文末の持続時間は質問＜反問、確認＜反問ということが観察できた。

　要するに、全文と文末の音域は反問と確認、確認と疑い、全文と文末の持続時間は質問と反問、反問と確認を表すイントネーションを弁別する有効な音響的な要素であるが、文頭の音域と持続時間は中国語疑問文のイントネーションを区別するのに有効ではないといえる。

　第5章の統計結果から、中国人学習者が生成した日本語疑問文「これいる？」においては、全文、文頭、文末の音域は確認＜質問＜反問、持続時間は確認＜反問ということが見られた。このような傾向は中国人学習者による中国語疑問文のイントネーションにも観察できる。「これみる？」では、文末と文頭の音域は「これいる？」と同じように、確認＜質問＜反問。持続時間については、全文、文頭、文末の平均値はどれも反問＜疑い。つまり、中国人学習者は確認と反問という日本語疑問文のイントネーションを弁別する際に、音域をその有効な手がかりとして用いられていることが分かった。

　これらの実験結果により、中国人学習者が日本語疑問文イントネーションを弁別する際に、母国語である中国語疑問文イントネーションと同様に音域を優先的な音響的要因として重要な働きをすることが推察される。

　では、このような現象が現れた原因は一体何なのか。

　一つは中国人学習者が日本語疑問文イントネーションを習得す

る過程において、母国語である中国語からの転移があると思う。具体的に言うと、学習者は母国語の疑問文イントネーションの弁別の手がかりをそのまま類推して日本語に用いたからと思われる。水野（1995）は人間の類推と普遍化能力は第一言語習得より、第二言習得において重要な役割を果たしていることを強調した。中国語疑問文における四つのイントネーションの音域も持続時間も差が小さいということは学習者が生成した日本語疑問文にも同様な傾向が見られた。母語話者による日本語疑問文イントネーションの音域と持続時間は両方とも学習者より差が顕著である。学習者は質問、反問、確認、疑いという四つの発話意図を表すイントネーションは授業で先生から教わっていないので、日本語疑問文を生成する際に、無意識に中国語の語調特徴をそのまま日本語に持ち込まれてしまった。このように類推した結果は母語からのマイナス転移が生じるのだと思われる。本実験の学習者は、上昇調を使って日本語疑問文の四つのイントネーションを表現したが、文末上昇度は母語話者と有意差があることは楊（2007）で述べたように、イントネーションの習得において、中国人学生は日本語上昇調を使用する際に、文末イントネーションの上昇度をうまく把握できない。日本語と比べて、中国語は声調の影響で、イントネーションは比較的に平穏である。中国語には、上昇調、平調、下降調などの文末イントネーションがあるが、声調言語であるため、ピッチレンジは声調の制約で増幅には限界があり、全体的に見ればそのイントネーションは穏やかになる。中国語イントネーションのこの特徴は日本語の習得にマイナスの影響を与え、学習者の日本語疑問文の文末上昇ぶりを緩やかにし、上昇度も小さくしたため、四つのイントネーションの差が母語話者より顕著でなくなったのである。

　さらに、学習者が類推で犯したこのような誤用傾向の原因を探れば、今までの日本語教育現場における疑問文イントネーション習得の学習環境が整備されていない故、学習者に応じた効果的な韻律指導を行っていないと思う。言語習得は絶えず勉強する過程であり、目標語を真似して類推する過程でもある。第二言語の音声習得過程において、学生は授業で教師或いは CD などのモデル音を模倣して、繰り返し練習することは一般的な学習方法である。しかし、実際には、イントネーションの習得はその従来の学習法ではうまくできない。発音は短い時間で習得できるがイントネーションはそうはいかない。王初明（2003）が指摘するように外国語の表現方法を身につけるには、長い実践する過程が必要であり、短時間ではそれができない。学習者は日本語疑問文イントネーションをよく耳にするが、質問、反問、確認、疑いという表現意図を表す疑問文イントネーションの違いについては、学習環境が整備されていないため、教師が例文で説明しても、学習者はそれを理解できるとは限らない。それに、中国語疑問文もイントネーションによって違うモダリティを表すことができるから、学習者は頭で保存された母国語の言語習慣で日本語疑問文のイントネーションを表現するのである。「外国語学習者の頭には毎日使う、自動化する母語がある。」「第二言語習得において、習得しにくいのは目で見られない部分と、第一言語と第二言語が奥深いところでの差異のことである。」（王初明 2001）したがって、学習者は長期間、非対人的学習環境 ① で日本語疑問文を

---

① 　対人的環境とは、人と会って話す、電話をかけるなどを指し、非対人的学習環境とは、テレビ、 新聞などのメディアを指している。片山智子・菅智穂『日本語初級学習者の接触場面に関する実態調査』ポリグロシア第 19 巻（2010 年 10 月）

習得するからこそ、結局、無意識に母国語の言語習慣を類推し、日本語疑問文を生成したのが母語からの転移だと思われる。

　もう一つはこれまでの日本語教育に関わると思う。具体的に言えば、日本語教育現場で使われた音声指導法と音声教材のことである。中国の大学では、日本語イントネーションに関する音声教育はイントネーションの定義、機能、種類という理論的な知識を学習者に紹介し、モデル音声を聞かせ、模倣させる形で音声指導を行ってきた。音声教材のほうは書かれた教学の内容が古く、基礎知識ばかりで退屈であるので、学生の学習意欲が下がり、音声に対する興味もなくなる。このように、学習者に対応するイントネーションに関する音声指導と音声教材がないことは日本語疑問文イントネーションがうまく習得できないことに関与する要因だと考えられる。授業で適切な指導が受けられなく、効率的な教材もないから、学習者は自己流になって母語話者のように自然なイントネーションが習得できないのである。

　要するに、母語の転移は第二言語習得に大きく影響を及ぼしている。母語が第二言語と違うところ、負の転移を生じさせた結果、習得の過程で過ちを犯す可能性が高くなる。

7.1.2　結論

　本書は、中国語を母語とする日本語学習者を対象とする第二言語習得の音声研究に関する基礎研究であり、中国人学習者のための日本語音声教育における、疑問文イントネーションの問題について、実験音声学的立場から進めてきた研究の成果をまとめた上で新しく追及をしたものである。

　中国人学習者の発話音声を対象に音響的分析を行い、日本人母語話者と対照しながら、中国人学習者による四種類の日本語疑問文

の区別を中心に、音響的特性を明確に捉え、音声上の問題点を明らかにした。また、質問、反問、確認、疑いという四つの意味を表す疑問文イントネーションの区別にどのような音響的特性が関わるのかに対して実験分析を行い、その結果を日本人母語話者による結果と比較した。

実験結果については、第5章から第6章にかけて述べた。まず、第5章では、日本語疑問文イントネーションの生成について、以下のような結果が得られた。

音響音声学的実験により、質問、反問、確認、疑いという四つのイントネーションに見られる音響的特性について分析した。その結果は以下のようにまとめた。

全文の音域では、日本人母語話者による疑問文「これいる？」は「確認」、「質問」、「反問」、「疑い」という順で音域が広くなっていく。「これみる？」は「確認」、「質問」、「疑い」、「反問」という順で音域が広くなっていく。f検定を行った結果は日本人母語話者による質問と反問、反問と確認、確認と疑いを表す発話文のイントネーションは有意差が検出された。

文頭音域においては、「これいる？」では、質問と反問、質問と疑い、反問と確認、確認と疑いには有意差が検出されたが、「これみる？」では、有意差が検出されていない。文末音域では、母語話者による「これいる？」における質問と反問、質問と疑い、確認と疑い、「これみる？」における質問と反問、反問と確認、確認と疑いを表すイントネーションには有意差が検出された。

全文の持続時間では、「これいる？」では、確認が一番短く、その次、質問、反問、疑いが次第に長くなる。疑問文「これみる？」では、日本人母語話者による全文の平均時間長は質問が一番短く、

確認が一番長く、質問、反問、疑い、確認という順で長くなっている。ｆ検定の結果は「これいる？」は質問と反問、質問と疑い、反問と確認、確認と疑いの間に、「これみる？」は質問と反問、質問と疑い、反問と確認、確認と疑いの間には顕著な有意差が検出された。

　　文頭の持続時間においては、「これいる？」は日本人母語話者における文頭の持続時間は短い。「これみる？」では、疑いの持続時間が一番長く、確認が一番短い。ｆ検定を行った結果は四つのイントネーションの間には有意差が検出されていない。

　　文末の持続時間においては、「これいる？」の場合、日本人母語者の持続時間は長い。確認、質問、反問、疑いという順で文末持続時間が長くなっていく。「これみる？」では、日本人母語者の文末の持続時間は確認が比較的に短い。ｆ検定の結果は母語話者によるこの四つのイントネーションは質問と反問、質問と疑い、反問と確認、確認と疑いの間には有意差があることが示された。

　　一方、中国人学習者の場合は全文調の音域では、中国人学習者の音域が母語話者より狭い。「これいる？」は「確認」の音域が一番狭く、その次に、「質問」、「疑い」が広くなり、「反問」の数値が一番大きい。文頭の音域においては、「これいる？」疑問文では、中国人学習者は日本人母語話者より数値が大きいが「これみる？」では母語話者より音域が狭い。文末の音域では、中国人学習者の音域は日本人母語話者より小さい。「これいる？」では、母語話者と同じように確認、質問、反問、疑いという順で、広くなっていくが、「これみる？」では、反問、質問、確認、疑いという順で広くなっていく。また、ｆ検定の結果は全文、文頭、文末の音域において、有意差がないことが検証された。

　　全文の持続時間では、日本人母語話者と比べてみると、この四

つのイントネーションの間の差は小さい。文頭の持続時間では、「これみる？」質問が一番長く、反問が一番短い。「これいる？」は日本人母語話者より長い。文末の持続時間においては、「これみる？」では、確認以外の三つのイントネーションが母語話者より短い。「これいる？」では、日本人母語話者より短い。確認から、質問、疑い、反問へと長くなっていく。f検定の結果は全文、文頭、文末において、中国人学習者には有意差が検出されていない。

　以上の結果は、日本人母語話者による疑問文について、全文の音域で質問と反問、反問と確認、文末音域で質問と反問、確認と疑いを弁別し、全文と文末の持続時間で質問と反問、質問と疑い、反問と確認、確認と疑いを表すイントネーションを弁別できることが表明された。要するにこの四つのイントネーションの区別に有効な音響的特性は全文、文末の音域と全文と文末の持続時間であったことが明らかになった。文頭の音域と文頭の持続時間は四つのイントネーションを区別するのに弁別素性ではなかったことも検証された。

　しかし、中国人学習者の場合、音域、持続時間においては、四つのイントネーションの間には差があるが、f検定の結果では有意差が検出されないから、疑問文イントネーションの音響的区別に有効であることが認められない。

　また、日本人母語話者による四つの意味を表すイントネーションと学習者によるイントネーションに対して、同一文におけるイントネーションを別々にt検定を行った。その結果、「これいる？」においては、全文の音域では、母語話者と学習者の質問と質問、確認と確認、疑いと疑いに、文末の音域では、反問と反問、疑いと疑いには有意差がある。持続時間の場合は全文には有意差がみられないが、文末には、反問と反問、疑いと疑いには有意差がある。「こ

れみる？」においては、全文の音域では、質問と質問、反問と反問、
疑いと疑い、文末の音域では、反問と反問、疑いと疑いには有意差
が検出された。持続時間では、全文には有意差がないが、文末には、
反問と反問、疑いと疑いには有意差がみられた。つまり、全文の音域、
文末の音域、と文末の持続時間は質問、疑いを区別するのに顕著で
あった音響的特性といえる。全文の持続時間は母語話者と学習者の
イントネーションを区別するのに有効ではないことが分かった。以
上により、中国人学習者は日本語疑問文のイントネーションを習得
されない。

　　第 6 章では、中国人母語話者による中国語疑問文イントネーシ
ョンについて、以下のような結果が得られた。

　　音域においては、疑問文「这个你买？」と「这个你要？」は両
方とも文頭における音域の有意差がない。「这个你买？」においては、
全文と文末の音域は確認と疑いとの差が大きい。反問と疑いにおけ
る全文の音域の差が小さいのに対して、文末の音域は質問と反問の
差が小さい。「这个你要？」では、全文、文頭、文末の音域はいず
れも四つのイントネーションの間の差が小さい。

　　持続時間では、「这个你买？」は「这个你要？」より長い。四
つのイントネーションの間には持続時間の差が小さい。

　　ｆ検定の結果、「这个你买？」では、全文、文末の持続時間と
文末の音域において、質問と反問、質問と疑い、反問と確認、確認
と疑いの間には顕著な有意差があり、全文の音域において、質問と
確認、反問と確認、確認と疑いの間には有意差があることが示され
た。「这个你要？」では、全文と文末の音域は質問と反問、反問と
確認、確認と疑いの間には有意差が検出された。全文の持続時間に
おいては、「这个你买？」と同じように、質問と反問、質問と疑い、

反問と確認、確認と疑いの間には顕著な有意差があり、文末には質問と反問、反問と確認の間には有意差が検出された。

　この結果から、「这个你买？」という疑問文では、文末の持続時間、音域と全文の持続時間がそのイントネーションの区別において、有効に関与することが示唆された。「这个你要？」の場合、全文と文末の音域、全文、文末の持続時間はイントネーションを弁別する際に用いる音響的要因であるが、文末の音域と全文の持続時間は優先的に考える要因となることが分かった。また、中国人学習者は全文と文末の音域で反問と確認、確認と疑い、文末持続時間で質問と反問、反問と確認だけを弁別できるが、全文の持続時間で質問と反問、質問と疑い、反問と確認、確認と疑いを弁別できるということも明らかになった。要するに、このことから、中国人学習者は反問と確認、確認と疑いを弁別する際に、全文の音域と全文の持続時間はその主要な要因として働く可能性が示唆された。文末の音域と文末持続時間は反問と確認の弁別だけに関与していることもわかった。

　要するに、本研究で行われた音声的実験を通して、日本人母語話者と中国人学習者は「質問」、「反問」、「確認」、「疑い」という四つの発話意図を表す日本語疑問文イントネーションを弁別する際に、使われた音響的手法が違うことを発見した。母語話者にとって、全文の音域、文末の音域、全文の持続時間、文末の持続時間という音響的な要素が有効であるが、学習者にとって、無効である。また、中国語疑問文イントネーションの韻律特徴を考察した結果から学習者が日本語疑問文イントネーションを習得する過程において、中国語疑問文イントネーションの弁別手がかりを用いてイントネーションを区別するということが見られた。このような誤用傾向は学習者が類推して犯したエラーといえる。その原因を探ると、専

門的な音声指導、有効な教材及び日本語の学習環境の不足に関わることがわかった。

　今回の実験では、学習者は日本人母語話者と同様のイントネーションパターンを完全に実現しているとは言えない。今後、中国における音声教育の現状を改善するには、学習者のニーズを満たす音声指導を行い、より良い教材を採用し、専用の学習環境を作ることが肝心だと思う。具体的には、テキストに書かれたイントネーションに関する理論的な知識を教え、イントネーションを明確に意識化することが有益であると思う。また、継続して練習をすれば、目標言語のイントネーションに向かって近づいていくことが期待できると思う。

7.2日本語音声学習の難点と教育

　趙元任は「本当の言語は抑揚があり、つまり語調があるからこそ、生き生きとした言語になれる。」と述べた。[①] これはイントネーションが文の意味に関与するだけでなく、豊富な感情を表す有効な方法であることも示唆される。一言にいえば、イントネーションを附加すると、文はリズム、韻律を持つことが目立つようになり、表現力も豊かになる。本研究の実験結果はイントネーションに関する音声教育の重要性が示された。

　中国における音声教育は、従来、主に単音の発音やアクセントの正確さを重視し、流暢さを支えるイントネーションなどの超文節要素（プロソデイ）を軽視してきたというのが現状である。近年、

---

① 趙元任. 趙元任語言学論文集. 呉宗済、趙新娜編，北京：商務印書館，2,002：253 − 272

コンピューターなどの科学的な技術が進んでいるため、多くの音声ソフトが開発された。これらの音声ソフトを用いた実験研究によって、単音より、プロソディーが自然な日本語を身につける重要な要素であることが明らかされている。したがって、これからはイントネーションなどの超文節要素を利用した音声教育ができるようにしなければならない。

7.2.1 日本語音声学習の難点

音声学習は語彙、文法などの日本語の他の技能の学習と異なっている。語彙と文法学習は理解して覚えるタイプであるのに対して、音声学習は単音の読み方、アクセントの表記法、イントネーションの種類などの知識を頭に入れるだけでは、その音声の実態が把握できない。発音器官、口腔内の構造などを習得する必要もある。日本語は中国語と違う音声的な特徴を持っているから、中国人学習者が思ったより難しい。教師は授業で音声現象について説明するものの、学習者はなかなか理解できないことはしばしばある。例えば、調音点調音法や、リズム、音の高低、音調など音声学専門知識については、どのように説明すれば、学習者が理解しやすいのか、よく教師を困らせている。須藤（2013）は「この音声実態を理解するためには、最終的には口腔内の感覚や音感などを利用することになる。」と主張した。つまり、音韻音声知識だけ覚えるのではなく、具体的な音声を感知することがさらに重要である。また、「音声学の知識の源となる現象は自らの体内で生じているにもかかわらず、その現象に対する認知能力は必ずしも十分発達しているとは限らない。」と指摘した。さらに、このような問題を解決するには、「これまで意識して使用しなかった感覚を利用した上で、発音器官を常に正確に動かせるようにならなければならない」と自分の意見も出た。

　　劉（2012）は教師を対象にした実態調査で、中国における日本
語音声教育の現状を考察した。その結果から「発音指導の実施にあ
たって、カリキュラムの制限、教材の不備などの問題が存在してい
る。発音以外の学習項目や内容も多く、授業中に発音の指導に多く
の時間をかけることは実質的に困難で、発音の授業や学習者の自律
学習に任せているケースも多い」と音声学習に関連する要因を明ら
かにした。

　　日本語音声を習得するには、音声教材も欠かせないものである。
しかし、今まで、中国で販売されている日本語音声に関する教科書
は数が限られている。そして、日本語の音韻規則を紹介するものと
聴解練習問題集を中心に、もっとも効率よく学習できる中国人学習
者のための音声教材が非常に少ない。

　　要するに、教師の指導法、音声教材、学習者の認知能力が音声
学習に関与しているので、今後は新たな音声教育指導法、より効果
的な教材の開発、学習者の認知能力を高めるための活動が求められ、
日本語音声学習過程で生じた多くの難点を改善し、適当な改革を行
い、中国語を母語とする学習者のために簡単に覚えられ、また有効
的に実用できる音声体系の開発が必要となる。

7.2.2 音声教育指導法と音声教材

　　中国の日本語教育における音声教育指導は、主に文節音を中心
にし、超文節音であるプロソディーの指導がほとんど行われていな
いため、学習者がもっと自然な日本語で話したいという学習ニーズ
に対応できない。特に、イントネーションの指導は語彙、文法など
の学習項目と違って、教師は語彙、文法規則などと照らし合わせて、
学習者の誤っているところを容易に指摘することができる。しかし、
イントネーションは声の高さ、長さ、強さなどの音声的な要素が文

字で表せないから、学習者が誤りを起こした場合、教師はその誤った箇所を直接に指摘するのはそう簡単にはいかない。学習者自身も、語彙と文法より、イントネーションにおける誤りに気付つけるのも難しい。

　音声指導の方法については、これまでは、発音の矯正が一般的に用いられた方法である。その具体的には、母音／清音、有声音／無声音の対立、特殊音、濁音、撥音、拗音などの単音の発音に焦点を当てた。アクセントやイントネーションといった韻律指導はあまり行っていない。また、谷口（1991）のアンケート調査の結果によると、音声指導は入門の初期に集中して行われており、継続的な指導がないことが指摘されている。中村（2011）は、日本国内において、第二言語として日本語を学んでいる学習者（留学生）に対して、個別的かつ集中的に音声教育を実践し、自己モニター力 ① の発達過程を調査すると同時に、学習者の意欲の変化に注目することで、より効果的な音声教育について考察した。その結果から発音矯正指導は短期的かつ個別的な指導では効果が現れ難いが、韻律指導では効果があることがわかった。また、初中級の学習者への指導より中上級や上級といった、ある程度日本語レベルの高い学習者のほうが、発音指導の効果が表れる傾向がみられた。つまり、上級の段階に応じた継続的な指導も必要である。韻律指導については、それを受けた学習者は日本語の韻律に関して明確には気付いていなかった音声の知識について気付いたと指摘した。これは韻律指導は発音指導に劣らず重要であることが証明された。21 世紀以後、イントネーショ

---

① 　自己モニター力は 本質的に学習者自身にしか認識できないため学 習意欲は欠かせないものだ。

ン教育の重要性に対する認識が高まるとともに、それに関する研究も多くなった。しかし、中国におけるこの方面の音声教育はまだ遅れているので、今後韻律指導法についての研究の進展が待たれる。

　前述したように、音声教材は音声教育を実施する際に欠かせないものである。教師と学習者にとってとても重要である。教材の内容は学習者の習得効果に関わって、より効果的な教材があれば、音声指導がうまく行われ、学習者の発音能力を向上させるができるから。中国では、日本語学習者は英語学習者に次いで、二番目に人数が多いことは疑い得ない。しかし、中国人学習者向けの音声教材は不足している。中国人学習者が日本語を習得する過程における難点と学習の方策などに触れる教材も少ない。

　とりわけ、イントネーションに関する教材の中に、陳述文、疑問文、感嘆文、命令文などの区別について詳しく解釈するものはほとんどない。中日両言語におけるイントネーションの違いについても論じるものもさらに少ない。そのため、学習者の多くは母語との区別を軽視し、第二言語の習得に負の転移が生じる。したがって、自然な日本語において重要な役割を果たすアクセント、リズム、イントネーション、プロミネンスなどプロソディーを重視し、面白く、わかりやすい会話を選び、学習項目を分け、ポイントを明確にするような教材の開発が求められている。教材は学生にとって必要な学習資料であり、第二言語習得教育においても重要な働きを担っているから、教材を作成する際、実用性、科学性、面白さという要素を考えなければならない。具体的に言うと、選ばれた教材の内容は学習者のニーズに対応し、学習者のコミュニケーションを養うことを方針とすることが期待される。このような教材は初級の段階から学習者の日本語音声に対する興味を促し、日本語学習への意欲を高め

ることができる。学習過程においては、教師は教材の内容を十分把握したうえで、より効率的な教学手段を使用し、学習者に繰り返して、音声練習、とくにイントネーションの訓練をやらせることは必要とされている。このようにすれば、中国人学習者が日本語イントネーションを習得する時に現れた問題がうまく解決できるに違いない。

7.2.3 日本語音声教育と学習への提言

　以上では、日本語音声学習の難点、音声教育指導法と音声教材から、中国における日本語音声教育の現状を分析し、さらに、従来の教育をどのように改善すればいいか、いくつかの意見を述べてきた。本節では、教師のフィードバック、学習者の学習動機、自己モニター行動という面から日本語音声教育と学習について提言する。

　まず、教師のフードバックについて、稲田（2005）はフィードバックを肯定的評価 [①]、非訂正 [②]、訂正 [③] という3種類に分類したうえで、上級日本語学習者へのイントネーション指導における教師のフィードバックについて考察した。その結果によると、教師によるフィードバックの適切さが重要であることが示唆された。また、フィードバックの改善点について次のように述べている。

　1）学習者の発話レベルに合わせて教師が要求する発音のレベルを変えるべきである。

　2）肯定的フィードバックを行う際に「どこがどうよかったのか」を示すべきである。

[①]　学習者の発話が正しく、教師が肯定的な評価を与えた場合。
[②]　学習者の発話は誤っていたが、教師が訂正しなかった場合。
[③]　学習者の発話は誤っていたが、教師が訂正しなかった場合。

　　3）教師が「なんとなくおかしい」という感覚を意識的にとらえ、適切な対処をとるべきである。

　　4）場の雰囲気に流されず指導しなければならない。

　　5）否定的フィードバックはできるだけ明示的に行うべきである。

　　以上述べたとおりに、教師のフィードバックは学習者の実力を考慮し、肯定でも、否定でも、その場に応じて、適切な評価をあげることが肝心である。今まで、中国のイントネーション指導の現場では、教師によるフィードバックをおこなっている大学機関は多くはない。今後は、音声授業で、学習者にとって分かりやすいフィードバック、学習者の意欲を引き出すフィードバックを行うことによって、従来のイントネーション教育の現状を多少変えることができると考えられる。

　　劉（2008）の調査結果からみれば、発音上位群の学習者は下位群学習者より、「将来的に日本語を使って就職、進学したい」という強い学習動機をもっていることが示された。また「明確な学習動機を見出すことは、高い学習モチベーションにつながり、発音学習を成功に導く第一歩である」と学習動機の重要性を強調した。しかし、学習動機づけの方法について論じていない。須藤（2003）は動機づけを「学習開始時の動機づけの喚起」、「動機づけの維持と保護」、「肯定的な回顧的自己評価の促進」という三段階にわけて、各段階における学習者の協力の作用について次のように述べた。「学習開始時の動機づけの喚起」においては、第二言語学習に対する肯定的な価値観と態度の養成、そして、成功期待感の増大とのかかわりの三つである。

　　「動機づけの維持と保護」の段階においては、学習者間の協力

により、義務感や道義的責任感が存在し、これにより仲間が互いに引き寄せあう傾向がある。

　「肯定的な回顧的自己評価の促進」においては、課題をうまく完成させた後で味わう満足感が、学習者間の協力により、共有体験やそれに続く祝福の共有などによってさらに高まる。

　以上をまとめると、学習者の協力は学習に対する肯定的な価値観及び成功への期待感を強めることができるからこそ、学習動機づけが高められる。また、学習者自身の自律性の向上、完成した課題への満足感などによって、学習を継続的に維持することができる。つまり、学習者間の協力は学習動機を高める有効な手段ともいえる。したがって、これからの音声指導では、音声練習のできる環境を整備し、共同協力の機会を創出し、上級な音声習得段階に達することを目指す。

　小河原（1998）では発音学習の際に「自己モニター[①]型」のストラテジーが発音学習に効果的な影響を与えていると報告した。また、「発音学習における自己モニターは学習者が妥当な発音基準を意識的に持って発音し、発音した自分自身の発音が基準どおりに発音できているかどうか自分で聴覚的に判断し、自己修正すること」と定義している。小河原（2001）は「自己評価意識の向上だけでなく、発音学習に対する意欲の向上や自主的な発音学習への参加が促されたなどの効果がある」と指摘した。つまり、自己モニター型の学習法は学習者の学習意欲や学習向上意識につながることが検証さ

---

①　Oxford（1990）は学習ストラテジーを直接ストラテジーと間接ストラテジーに分け、「自己モニター」は「間接ストラテジー」に属する「メタ認知ストラテジー」の下位分類であるとしている。

れた。趙（2012）は「日本語の発音学習においても、話し手と聞き手との両方の立場を取り入れていく必要性がある。」と自己モニター行動を話し手と聞き手の視点から捉えた。実は、中国の日本語教育現場では、授業で口頭発表などのような教室活動が多く行われている。これらの活動は主に意味理解を中心とする聴解練習の一種に過ぎない。聞き手の立場を考慮に入れ、学習者の発音における自己モニター行動を促すためのさまざまな教室活動を行い、他の学習者の発音について考えさせる機会を提供することが望ましい。

7.3 今後の課題と展望

中国人学習者による日本語疑問文に関するこれまでの研究は主に、対照研究や限られた種類の疑問文を対象に誤用分析により行われたため、中国人学習者に対する日本語教育に応用できるような具体的かつ客観的な科学的な音声資料を提供することはできなかった。本研究は実験音声学的な手段を使用することで、中国人学習者による日本語疑問文のイントネーションに見られる問題点について分析し、さらにその原因を究明することも試みた。

本書は、中国人学習者の音声に対し、パソコンや音声ソフトを利用し、音響音声学的分析を行った。なお、その分析結果については、f 検定と t 検定を施した。中国人学習者における発音の問題とその原因について、音響音声学的観点から詳細な分析をした。さらに、学習者における疑問文イントネーションの音響的性質を究明し、今後教育現場へ応用できる、実践的な音声的知見を提供することを望む。

しかし、本研究を進める過程では、筆者自身の勉強不足などの準備不足や実験環境の不備や限られた時間や被験者人数の制限によ

り、以下のようないくつかの課題が残った。

　　まず、本書では、もともと合成音声を用いた生成及び知覚実験を行う計画であったが、限られた時間と条件の制限でできなくなり、音響音声学的実験だけ行った。これから、パソコンや音声処理技術の革新とさらなる発展に応じて、新たな科学的な手法による、音声を対象とする実験的研究を追究していかなければならない。生成実験と知覚実験を行い、中国人学習者による日本語疑問文イントネーションの音響的特性を検討し、音声知覚に関する心理的事象の究明を進めたい。

　　また、日本人母語話者と中国人学習者による疑問文イントネーションの音響音声学実験の結果から得られた知見をより客観性の高いものにするために、被験者の人数がより多いことが望ましい。また、本実験において、録音する際、専用録音室（無響室）で行ったのではなく、外部からの干渉が多少あるため、被験者の中に何人かの数値は有効ではなかった。今後、被験者数を増やし、研究する必要がある。

　　第三に、音声研究に横断研究と縦断研究という二種類がある。本研究は日本語学習時間2年半以上の学習者を実験の対象にした横断研究に入るが、学習時間が長くなるにつれて、学習者による疑問文イントネーションの問題点が依然として存在するのか、また改善できるのかを知るために、これから、縦断研究を行う必要がある。

　　最後に、第二言語音声習得に影響を与える要因としては、母語以外にも母方言、学習経験、学習動機、学習時間数などさまざまな要因がある。今後、疑問文イントネーションの習得について、このような点も視野に入れた研究が行われることを期待したい。

　　また、日本語疑問文イントーションに関する研究においては、

発話資料を選定する際、日常会話での自然発話音声に少しでも近づいたデータを得るために、短文から離れるように工夫をしなければならない。

　今後、日本語イントネーション習得の現状を改善するために、学習者に向けた新たな日本語音声指導法の導入と音声教材の開発が必要とされる。どのような指導法と教材は現在の学習者に向いているといえば、田中·斉藤（1993）が「学習者に自己の学習とストラテジー使用を意識させ，潜在的自律学習能力を活性化することが必要である。」と述べたように日本語教師は音声指導を行う際、日本語音声に関する知識だけを伝えるのではなく、学習者の自律学習能力にも注目するような指導法がいいと思う。このような指導を受けた学習者は教師がいない場合でも、自ら学習する意欲もあって、日本音声習得を推進することができるからである。

　近年、科学技術が進んでいるとともに、多くの音声ソフトが開発された。音声授業は教師主導型から、学習者主導型への転換と学習者のコミュニケーション能力の養成を呼びかけるようになった。とくに、イントネーションが感情表現などの機能があり、会話の中で重要な役割を果たしているため、学習者項目として、教科書に取り入れられる必要があると強調されるようになった。また、教科書の会話をコミュニケーション能力を養成するための教材として活用するには、その会話が行われている場面を想像する必要がある。このように、音声を「生きた会話」で表現し、日本語の音声を楽しく習得できる教材の開発はこれからの日本語教育の研究者達が考えなければならない課題と思われる。

参考文献

日本語文献

著作

[1] 国立国語研究所. 話し言葉の文型 1 [M]. 秀英出版社，1960.

[2] 国立国語研究所. 話し言葉の文型 2[M]. 秀英出版社，1963.

[3] 日本音声学会. 音声学大辞典 [M]. 三修社，1976.

[4] 蔡茂豊. 中国人に対する日本語の教育の理論と実践—音声教育篇 [M] 東呉大学日本文化研究所，1979.

[5] 城生循太郎. 音声学 [M]. アホロン音楽工業株式会社，1988.

[6] 松崎寛，河野俊之. よくわかる音声 [M]. アルク，1998.

[7] 仁田義雄. 日本語のモダリティと人称 [M]. ひつじ書房. 1991

[8] 鮎澤孝子. 日本語の韻律に見られる母語の干渉(2)—音響音声学的対照 研究—< D1 班 > [M]. 平成 3 年度研究成果報告書，1992.

[9] 田中望，斉藤里美. 日本語教育の理論と実際—学習支援システムの開発 [M]. 大修館書店 3 麗澤大学大学院言語教育研究科，1993.

[10] 田中望，斉藤里美. 日本語教育の理論と実際 [M]. 大修館譜店，1993.

[11] 今石元久. 日本語音声の実験的研究 [M]. 和泉書院，1997.

[12] 山岡俊比古. 第 2 言語習得研究 [M]. 桐原ユニ，1997.

[13] 安達太郎．日本語疑問文における判断の諸相 [M]．くろしお出版，1999．

[14] 教育部高等学校大学外语教学指导委员会．大学日语课程教学要求 [M]．北京：高等教育出版社，2001．

[15] 国際交流基金日本語国際センター．日本語教育国別事情調査中国日本語事情 [M]．国際交流基金日本語国際センター出版，2002．

[16] 奥野由紀子．第二言語習得過程における言語転移の研究 – 日本語学習者による「の」の過剰使用を対象に – [M]．風間書房（単著），2005．

[17] 宮崎和人．現代日本語の疑問表現疑いと確認要求 [M]．ひつじ書房，2005．

[18] 窪薗晴夫．アクセントの法則 [M]．岩波書店，2006．

[19] 劉佳琦．日本語の動詞アクセントの習得（早稲田大学モノグラフ 58）[M]．早稲田大学出版部刊，2012．

論文

[1] 吉沢典男．イントネーション [J]．話しことばの文型 (1)．東京国立国語研究所，1960．

[2] 川上蓁．文末などの上昇調について [J]．国語研究，國學院大學国語研究会，1963（16）：25 – 46．

[3] 水谷修．音声教育の問題点（1）– 有気音・無気音の対立を持つ言語の使用者に対し て日本語の有声音・無声音の識別・発音能力を与えるためのこころみ [J]．日本語教育研究，1974(10)：1 – 5．

[4] 須津貢明，保坂真理．「平叙文・疑問文・感嘆文のイントネーションによる弁別 [J]．特殊教育学研究，1975，13（1）．

[5] 林佐平. 初級段階における日本語の音声教育：中国人初心者の聴音問題点と母国語の干渉についてー[J]. 日本語教育, 1981(45): 133－144.

[6] 杉藤美代子，神田靖子. 日本語と中国語話者の発話による日本語の無声及び有声破 裂音の音響的特徴[J]. 大阪樟蔭女子大学論集, 1987（24）: 67－89.

[7] 森山卓郎. 文の意味とイントネーション [J]. 講座日本語と日本語教育 1. 日本語要説. 明治書院, 1989.

[8] 矢野安剛. 誤用論的に見た疑問文 [J]. 日本語学, 1989(8): 8.

[9] 土岐哲. 音声の指導寺 [M]// 村秀夫. 講座日本語と日本語教育. 明治書院, 1989: 13.

[10] 関光準. 日本語と朝鮮語のアクセントとイントネーション [J]. 講座日本語と日本語教育 3 日本語の音声・音韻（下）. 明治書院, 1990: 303-331.

[11] 土岐哲. 中国人・韓国人・アメリカ人による日本語のイントネーションとプロミネンス [J]. 講座日本語と日本語教育 3 日本語の音声・音韻（下）. 明治書院, 1990: 258-287.

[12] 谷口聡人. 音声教育の現状と問題点―アンケート調査の結果について―[J] シンポジウム日本語音声教育・韻律の研究と教育をめぐって. 凡人社, 1991: 20－25.

[13] 鮎澤孝子. イントネーションと日本語教育 [J]. 日本語. 明治書院, 1991, 10（7）: 98－113.

[14] 土屋順一，土屋千尋. モンゴル人学習者の日本語に見られるモンゴル語の韻律の干渉 [C]. 杉藤美代子. 日本語の韻律に見られる母語の干渉―音響音声学的対照研究. 文部省重点領域研究「日本語音声」D1 班平成 2 年度研究成果報告書, 1991: 48-71.

[15] 陳文芷. 中国語話者による日本語疑問文文末の韻律的特徴 [C]//. 杉藤美代子. 日本語の韻律に見られる母語の干渉（3）: 音響音声学的対照研究. 文部省重点領域研究「日本語音声」D1 班平成 4 年度研究成果報告書, 1992: 1–26.

[16] 今石元久. 日本語の音声一葉験音声学的立場から –[J]. 日本語学前. 和泉書院, 1992: 42–44.

[17] 杉藤美代子. イントネーションの記号論 [J]. 文化言語学. 東京: 三省堂, 1992: 1055 – 1068.

[18] 杉藤美代子. 日本語音声における韻律的特徴の実態とその教育に関する総合的研究 [C]. 日本語アクセントとイントネーション日本語音声研究成果刊行書平成 3 年度文部省科学研究費重点領域研究 (1) 総括班刊行書, 1992.

[19] 新田洋子. インドネシア人学習者の日本語疑問文に見られる母語の韻律の干渉 [J]. 音声学会会報, 1992（205）: 34–62.

[20] 長友和彦. 日本語の中間言語研究概観 [J]. 日本語教育, 1993（81）: 1–18.

[21] 轟木靖子. ベトナム語母語話者の問い返し文の音調について [C]11 杉藤美代子. D1 班研究発表論集, 1993: 177–189.

[22] 谷口聡人. 韓国語を母語とする学習者の韻律的傾向について [C]. D 1 班研究発表論集. 文部省重点領域研究「日本語音声」D 1 班平成 4 年度研究成果報告書, 1993: 135–137.

[23] 鮎澤孝子. 日本語学習者のイントネーション一東京語疑問文のイントネーションの習得—[J]. 国際化する日本語話し言葉の科学と音声教育. 東京: クバプロ, 1993: 165 – 172.

[24] 鮎澤孝子. 日本語学習者のイントネーション–日本語疑問文のイントネーション の習得 [J]. 国際化する日本語–話し言葉の科

学と音声教育：7.大学と科学公開 シンポジウム予稿集，1993：44-45.

[25] 鮎澤孝子．外国人学習者による日本語の質問文 イントネーションの習得過程 [J].日本語音声と日本語教育．「日本語音声」D1 班平成 4 年度研究成果報告書，1993：161-186.

[26] 鮎澤孝子．外国人学習者による日本語の質問文イントネーションの習得過程」[J].杉藤美代子．日本語音声と日本語教育．文部省重点領域研究「日本語音声」D1 班平成 4 年度研究成果報告書，1993：161-186.

[27] 土屋順一，土屋千尋．モンゴル人学習者の日本語発話に見られる母語の韻律の干渉とその指導上のポイントについて [C].杉藤美代子．D1 班研究発表論集文部省重点領域研究「日本語音声」D1 班平成 4 年度研究成果報告書，1993：144-147.

[28] 楊立明．中国語話者の日本語述語の韻律に見られる母語の干渉 [C].杉藤美代子．日本語音声と日本語教育文部省重点領域研究「日本語音声」D1 班平成 4 年度研究成果報告書,1993：103-122.

[29] 中川恭明，中川千恵子．フランス人学習者の日本語に見られる母語の韻律の干渉 [J].杉藤美代子．日本語音声と日本語教育．文部省重点領域研究「日本語音声」D1 班平成 4 年度研究成果報告書，1993：123-144.

[30] 馮冨栄．日本語使役文の学習過程における母語（中国語）の影響について [J].教育心理学研究，1994（42）324－333.

[31] 中川千恵子，鮎澤孝子．スペイン語母語話者の日本語発話における韻律特徴 [C].平成 6 年度日本語教育学会春季大会予稿集，1994：55-60.

[32] 川上蓁．文末なとの上昇調について [J].日本語アクセント

論集 .274－298. 汲古書院：東京，1995：274-298.

[33] 荒井雅子 . AKP 学生の日本語韻律知覚と生成の習得に関する報告 [J].AKP 紀要，1995（9）：15 － 26.

[34] 鮎澤孝子 . 日本語学習者による東京語アクセントの聞き取り一韓国語・英語・フランス語・北京語話者 の場合 [J]. 平成 7 年度日本語教育学会秋季大会予稿集，1995：165-170.

[35] 橋本慎吾 . 平板アクセントの実現：中国語話者の場合 [J] 音声言語V，1995：61-76.

[36] 中川千恵子 . 疑問文イントネーションの種類について一スペイン語と日本語の対照 [J]. 横浜国立大学留学生センター紀要 2. 横浜国立大学留学生センター　日本音声学会（1976）.『音声学大辞典』三修社，1995：64-78.

[37] 朱新建 . 厦門語と日本語アクセントに関する一考察－厦門語話者が日本語アクセントを習得する立場から [J]. 愛知学院大学教養部紀要，1995，42(1).

[38] 閔光準 . 韓国人日本語学習者の発話と聴取に見られる日本語のイントネーションの問題点 [J]. 日本語文学 ,1996（2）：51-72.

[39] 鮎澤孝子 . 北京語母語話者は東京語アクセントをとう聞くか [C]. 平成 8 年度日本語教育学会秋季大会予稿集，1996：67-73.

[40] 代田智恵子 . 日本語アクセントの習得とイントネーション一フランス語母語話者による日本語発話の音調特徴とその要因― [J]. 世界の日本語教育，1997（7）：113-135.

[41] 福岡昌子 . イントネーションから表現意図を識別する能力の習得研究：中国 4 方言話者を対象に自然・合成音声を使って―[J]. 日本語教育，1997（96）.

[42] 鮎澤孝子 . 北京語を母語とする日本語学習者の東京語アク

セントの知覚 [C]// 日本語教育論文集―小出詞子先生退職記念．凡人社，1997：69-81．

[43] 郡史郎．日本語のイントネーション―型と機能―[J]．アクセント・イントネーション・リズムとポーズ．三省堂，1997．

[44] 井上史雄．イントネーションの社会性 [J]．アクセント イントネーションリズムとポーズ．三省堂，1997：169 - 202．

[45] 林良子，鮎澤孝子，西沼行博．ドイツ語母語話者による『東京語アクセントの聞き取りテスト』の分析結果 [C]// 水谷修．2 世紀の日本語音声教育に向けて，1997：31-36．

[46] 片桐恭弘．終助詞とイントネーション [C]// 音声文法研究会．文法と音声．くろしお出版，1997：235-256．

[47] 森山卓郎．一語文とそのイントネーション [J]．音声文法研究会文法と音声．くろしお出版：東京，1997：75-96．

[48] 土岐哲，金秀芝．韓国語話者による日本語倒置疑問文のイントネーション―上昇の形式とその習得パタンをめぐって― [J]．阪大日本語研究，1997（9）．

[49] 小山哲春．文末詞と文末イントネーション [J]．音声文法研究会．文法と音声．東京：くろしお出版，1997：97-119．

[50] 戸田貴子．日本語学習者による促音・長音・撥音の知覚範疇化 [J]．文藝言語研究，1998（33）：65-82．

[51] 戸田貴子．モーラと中間言語の音節構造 [C]．筑波大学留学生センター日本語教育論集，1998（13）：23-45．

[52] 鮎澤孝子．日本語学習者にとっての東京語アクセント [J]．月刊言語，1998：70-175．

[53] 前川喜久雄．音声学 [C]．岩波講座言語の科学（2）．岩波書店，1998．

[54] 小河原義朗．日本語学習における発音学習ストラテシーの有効性の検討 [J]．言語科学論集，1998（2）：1-12．

[55] 稲垣滋子，佐藤由紀子，鈴木庸子．『しんにほんごのきそ』1の「か文」文末イントネーション－共通語話者の上昇調・非昇調についての聴覚的印象から－ [J]．ICU日本語教育研究センター紀要．国際基督教大学日本語教育研究センター，1999：1-21．

[56] 戸田貴子．日本語学習者による外来語使用の実態とアクセント習得に関する考察—英語・中国語・韓国語話者の会話データに基づいて [J]．文藝言語研究，1999（36）：89-111．

[57] 鮎澤孝子．中間言語研究—日本語学習者の音声 [J] 音声研究，1999，3（3）：4-12．

[58] 鮎澤孝子．フランス人日本語学習者の疑問イントネーションの習得 [J]．日本語と外国語との対照研究ⅠX日本語とフランス語—音声と非言語行動—』，2001：61-85．

[59] 戸田貴子．言語形式の焦点化と発音指導 [C]．平成13年度日本語教育学会春季大会予稿集，2001（1）：51-56．

[60] 迫田久美子．第一言語と第二言語の習得過程 [J]．言語学と日本語教育Ⅱ，2001（2）：253-269．

[61] 小河原義朗．日本語非母語話者の話す日本語に対する日木人の評価意識—日本語教育における言語意識—[J]．日本語学，2001（7）：64-73．

[62] 李活雄，村島健一郎．借用語に見られる音声混同—香港広東語母語話者を対象として—[J]．早稲田日本語教育学，2002（7）：97-109．

[63] 柳京子．日本語イントネーション研究 [J]．人文科教育研究，2002（29）．

[64] 小河原義朗，河野俊之．教師の音声教育観と指導の実際 [J]. 日本語教育方法研究会誌，2002（9）：2-3.

[65] 尤東旭．中国人日本語学習者によく見られるアクセントの問題点 [J]. 留学生センター紀要，2002（5）:77-87.

[66] 坂本恵．中国人学習者のための発音指導について [J] 東京外国語大学留学生日本語教育センター論集，2003（29）：171-243.

[67] 戸田貴子．外国人学習者の日本語特殊拍の習得 [J]. 音声研究，2003，7（2）：70-83.

[68] 郡史郎．イントネーション [J]. 朝倉日本語講座3音声・音韻．朝倉書店，2003.

[69] 湧田美穂．い形容詞＋ナイの韻律的特徴．-アクセント・イントネーション・持続時間の側面から- [J]. 早稲田大学日本語教育研究，2003（Ⅲ）：125-139.

[70] 劉佳琦．中国語母語話者による日本語有声・無声破裂音の知覚に関する一考察：北方・上海方言話者を対象として [C].2004年秋季早稲田大学日本語教育学会（早稲田大学）.2004.

[71] 石井，カルロス寿憲．ニックキャンヘル：句末音調の機能的役割：談話機能を中心に [C]. 日本音響学会2004年春季研究発表会講演論文集，2004（1）：235-236.

[72] 奥野由紀子．日本語学習者の「の」の過剰使用にみられる言語処理のストラテジー [J]. 横浜国立大学留学生センター紀要，2004（12）：47-60.

[73] 邱忠．広東方言話者の日本語疑問文イントネーションについての音響音声学研究 [J] 広州：広東外語外貿大学.2004.

[74] 湧田美穂．「同意求め」の「ナイ」に関する一考察—音響音声学的分析から [J]. 日本文化研究，2004（11）：351-368.

[75] マフカモヴァ・サヨーラ．日本語の疑問文のイントネーション―ロシア語を母語とする日本語学習者の母語干渉を中心に [C]. 第二回日本語教育と音声研究会発表論文予稿集，早稲田大学，2004.

[76] 稲田朋晃．イントネーション指導における教師のフィードバック [J]. 教育実習研究レポート，2005（M2）.

[77] 関光世．疑問文の文音調と文末上昇イントネーションに関する試論 [J]. 京都産業大学論集，2005（33）：27-45.

[78] 戸田貴子．同意要求の「ナイ」の聞き取りに見られる世代差とその要因」[J]. 日本文化研究：東アジア日本学会，2005（15）：5.

[79] 戸田貴子．発音が上手になる学習者の特徴―学習開始年齢と到着年齢を中心に―[J]. 早稲田大学日本語教育研究，2005（7）：9.

[80] 馬暁娟．中国語話者による日本語動詞アクセントの実現―語アクセントの音響的考察- [D]. 東京：早稲田大学，2005.

[81] 田中彰．疑問上昇／副次上昇の比較―検定による音響データの形態の異同の調査―[J]. 麗澤大学紀要，2005（80）：7

[82] 湧田美穂，戸田貴子．「い形容詞＋ナイ」の表現意図の知覚―同意要求表現の表現意図の知覚に着目して [C]. 韓国日本学会第70回学術大会発表予稿集，2005：454-457.

[83] 湧田美穂，戸田貴子．同意要求の「ナイ」の聞きとりに見られる世代差 [J]. 日本文化研究，2005（15）：251-267.

[84] 関光世．中国語における文末付加型疑問文のイントネーションに関する観察―正反タイプを中心に―[C]. 京都産業大学論集，2006（34）：187-208.

[85] 姚慧敏．広東方言話者による文末詞「ね」のイントネーションについての音響音声学的研究 [D]. 広州：広東外語外貿大学，

2006.

　[86] 戸田貴子.『発音の達人』とはどのような学習者か [C]// 日本語教育と音声.東京：くろしお出版，2008：61-80.

　[87] 劉佳琦.中国語母語話者における日本語の有声・無声破裂音の混同 [C]// 日本語教育と音声.東京：くろしお出版，2008：141-162.

　[88] 轟木靖子，山下直子.日本語学習者に対する音声教育についての考え方 ―教師への質問紙調査より―[J].香川大学教育実践総合研究，2009（18）：45-51.

　[89] 小河原義朗，河野俊之.日本語教師のための音声教育を考える本 [J].アルク，2009

　[90] 河野俊之.－タスク－日本語教育と「音声」[M]// 水谷修.日本語教育の過去・現在・未来 第 4 巻音声.東京：凡人社，2009：1-22.

　[91] 土岐哲.音声研究と日本語教育―日本語音声教育の視座を見据えて―[J].日本語教育からの音声研究.東京：ひつじ書房，2010：223-235.

　[92] 中村明夫.日本語教育における音声教育の 実践報告 [J].別府大学日本語教育研究，2011（1）：28-34.

　[93] 趙靚.中国人学習者の日本語発音における自己モニター行動 [D].東京：早稲田大学，2012.

　[94] 須藤潤.日本語音声教育における動機づけの意義とその可能性 ―「学習者間の協力」に関する事例的考察―[J].コミュニカーレ，2013（2）.

　[95] 戸田貴子.日本語音声教育の新展開 [J].早稲田日本語教育学，2014（16）：5.

　[96] 河野俊之.自己モニターを活用した音声教育における独自の

基準の観点 [J]. 日本語教育方法研究会誌，2015（22）：100-101.

[97] 寺田昌代. 中国人学習者による日本語母音の発音再考 [J]. 漢日語言対比研究論丛，2015（2）.

[98] 阿部新，磯村一弘，林良子，等. 日本語音声教育の現状と課題—アクセントの教育を中心に—[C].2016 年度日本語教育学会春季大会，2016.

英語文献

著作

[1]LADO R. Linguistics across cultures[M]. Ann Arbor, MI: The University of Michigan Press, 1957.

[2]LADO R. Language teaching: a scientific approach[M]// LARSEN-FREEMAN D, LONG M. An introduction to second language acquisition research. New York: Longman, 1964.

[3]STOCKWELL R, Bowen J. The sounds of english and spannish[M]. University of Chicago Press, 1965.

[4]DULAY H, BURT M. A new approach to discovering universal strategies of child second language acquisition[M]// DANIEL DATO. Georgetown university round table on language and linguistics. Georgetown:university press, 1975.

[5]CORDER S P. Language-learner language[M]// RICHARDS JS, ROWLEY. Understanding Second and Foreign Language Learning: Issues and Approaches. MA: Newbury House Publishers, Inc, 1978.

[6]PIERREHUMBERT J, BECKMAN M. Japanese tone structure[M]. Cambridge: MIT press, 1988.

[7]ODLIN T. Language transfer[M]. Cambridge:Cambridge University Press, 1989.

[8]ELLIS R. The study of second language acquisition[M]. Oxford:

University Press, 1994.

[9]HIRST D. Speech prosody: from acoustics to interpretation[M]// FANT G H, et al. Traditional phonology to modern speech processing Beijing: Foreign Language Teaching and Research Press, 2004: 111-128.

[10]PISKE T. Phonetic awareness ,phonetic sensitivity and the second language learner[M]// CENOZ J, HORNBERGER NH. Encyclopedia of Language and Education,2nd Ed,Volume6:Knowledge about language. US: Springer, 2008: 155-166.

論文

[1]CORDER S P. The significance of learner errors[J]. International Review of Applied Linguistics in Language Teaching, 1967, 5(1-4):161-170.

[2]WARDHAUGH R. The contrastive analysis hypothesis[J]. TESOL Quarterly, 1970(17),473-480.

[3]CORDER S P. Idiosyncratic dialects and error analysis[J]. Applied Linguistics, 1971(9):149-159.

[4]NEMSER W. Approximative systems of foreign language learners [J]. International Review of Applied Linguistics in Language Teaching, 1971(9):115-123.

[5]SELINKER L. Interlanguage[J]. Interlanguage Review of Applied Linguistics, 1972(10):209-231.

[6]DULAY H C, BURT M K. Should we teach children syntax? [J]. Language Learning, 1973, 23(2): 245-258.

[7]DULAY H C, BURT M K. Natural sequences in child second language acquisition[J]. Language Learning, 1974,24(1): 37-53.

[8]SCHACHTER J. An error in error analysis [J]. Language Learning, 1974(24): 205-214.

[9]ZOBL H. Developmental and transfer errors: their common bases and (possibly) differential effects on subsequent learning[J]. Tesol Quarterly, 1980,14(4):469-479.

[10]ELLIS R. Sources of variability in Interlanguage[J]. Applied Linguistics, 1985(6):118-31.

[11]NORRIS J, ORTEGA L. Effectiveness of instruction: a research synthesis and quantitative meta-analysis[J]. Language Learning, 2000, 50(3): 417-528.

[12]SCOVEL T. Learning new languages: a guide to second language acquisition[J]. TESL-EJ, 2001.

[13]HIRST D. The phonology and phonetics of speech prosody: between acoustics and interpretation[J]. Speech Prosody, Japan, 2004.

[14]LIU F, XU Y. Parallel encoding of focus and interrogative meaning Mandarin intonation[J]. Phonetica, 2005(62):70-87.

[15]SHIBATA T. Prosody acquisition of Japanese as a second Language: view from an integrative[D]. Perspective. Unpublished doctoral dissertation, University of Iowa, 2005.

[16]DERWING T M, ThOMSON R I, MUNRO M J. English pronunciation and fluency development in Mandarin and Slavic speakers[J]. System,2006, 34(2):183-193.

[17]TROFIMOVICH P, BAKER W. Learning second language suprasegmentals: Effect of L2 experience on prosody and fluency characteristics of L2 speech[J]. Studies in Second Language Acquisition, 2006(28): 1-30.

[18]MENNEN I. Phonological and phonetic influences in non-native intonation[J]. Mouton De Gruyter, 2007.

[19]HIRST D. The analysis by synthesis of speech melody: from data to models[J]. Journal of Speech Sciences, 2001,1(1):55-83.

中国語文献

著作

[1] 罗常培，王均．普通语音学纲要 [M].北京：商务印书馆，1957.

[2] 胡裕树．现代汉语 [M].上海：上海教育出版社，1979.

[3] 赵元任．汉语口语语法 [M].吕叔湘，译，北京：商务印书馆，1979.

[4] 陈文达．英语语调的结构和功能 [M].上海：上海外语教育出版社，1983.

[5] 沈炯．北京语声调的音域和语调 [M].林焘，王理嘉，等．北京语音实验录，北京：北京大学出版社，1985:73-125.

[6] 胡明杨．关于北京语的语调问题 [M].胡明杨．北京话初探，北京：商务印书馆，1987:146-164.

[7] 许宝华，汤珍珠．上海市方言志 [M].上海：上海教育出版社，1988.

[8] 郭锦桴．汉语声调语调阐要与探索 [M].北京：北京语言学院出版社，1993.

[9] 邵敬敏．现代汉语疑问句研究 [M].上海：华东师范大学出版社，1996.

[10] 李明，石佩雯．汉语普通话语音辩证 [M].北京：北京语言大学出版社，1998.

[11] 徐世荣．普通话语音常识 [M].北京：语文出版社，1999.

[12] 吴宗济. 吴宗济语言学论文集 [M]. 北京：商务印书馆，2004.

[13] 游汝杰. 汉语方言学教程 [M]1 版. 上海：上海教育出版社，2004.

[14] 杨诎人. 日语语音语调 [M]. 北京：世界图书出版公司，2007.

論文

[1] 赵元任. 北平语调的研究 [M]// 吴宗济，赵新. 赵元任语言学论文集. 北京：商务印书馆 (2002)，1929.

[2] 赵元任. 国语语调 [M]// 吴宗济，赵新. 赵元任语言学论文集. 北京：商务印书馆 (2002)，1932.

[3] 赵元任. 汉语的字调跟语调 [M]// 吴宗济，赵新. 赵元任语言学论文集. 北京：商务印书馆 (2002)，1933.

[4] 赵元任. 国语语调 (讲演)[M]// 吴宗济，赵新. 赵元任语言学论文集. 北京：商务印书馆 (2002)，1935.

[5] 周殿福. 学习北京语音应该注意的几个问题 [J]. 语文学习，1955(12).

[6] 石佩雯. 四种句子的语调变化 [J]. 语言教学与研究，1980(2)：71-81.

[7] 张朋朋，徐鲁民. 试析"洋腔洋调"问题 [J]. 语言教学与研究，1981(03)：65-70.

[8] 吴宗济. 普通话语句中的声调变化 [J]. 中国语文，1982(6)：439-449.

[9] 吴宗济. 从声调与乐律的关系提出普通话语调处理的新方法 [C]// 中国语文编辑部. 庆祝中国社会科学院语言研究所 45 周年学术论文集. 北京：商务印书馆，1997[10] 蔡全胜. 中国人的日语声调倾向 [C]. 日本国际交流基金日语教育论文集，1983.

[10] 吴宗济 . 普通话三字组变调规律 [J]. 中国言语学报，1985(2).

[11] 胡裕树 . 一部饶有新意的修辞学著作：评黎运汉、张维耿 [J]. 现代汉语修辞学当代修辞学，1987(4): 46-48.

[12] 沈晓楠 . 关于美国人学习汉语声调 [J]. 世界汉语教学，1989，(3):158-168.

[13] 孟国 . "洋腔洋调"的语调和声调 [J]. 天津师大学报（社会科学版），1990(3):63-66.

[14] 吴宗济 . 汉语普通话语调的基本调型 [M]. 王力先生纪念论文集 . 北京：商务印书馆，1990.

[15] 贺阳，劲松 . 北京话语调的实验探索 [J]. 语言教学与研究，1992，(02):71-96.

[16] 劲松 . 北京语的语气和语调 [J]. 中国语文，1992(2):113-123.

[17] 瞿蔼堂，劲松 . 北京话的字调和语调：兼论汉藏语言声调的性质和特点 [J]. 中国人民大学学报，1992(05):67-74.

[18] 沈炯 . 汉语语调模型当议 [J]. 语文研究，1992(4):16-24.

[19] 陈文芷 . 汉日疑问句语调对比 [J]. 世界汉语教学，1994(02):26-32.

[20] 瞿蔼堂，劲松 . 北京语的语调 [C]// 余志鸿 . 现代语言学（第三届全国现代语言学会议论文集）. 北京：语文出版社，1994:291-301.

[21] 陆亚民，周同春 . 疑问句语调模型的研究 [C]. 第七届全国语音图象与通信信号处理学术会议，1995.

[22] 沈炯 . 汉语音高系统的有声性和区别性 [J]. 语言文字应用，1995(02):13-18.

[23] 王魁京 . 汉语作为第二语言学习中的句子的语调、语气理解问题 [J]. 北京师范大学学报（社会科学版），1996(06):79-89.

[24] 吴宗济 . 赵元任先生在汉语声调研究上的贡献 [J]. 清华大学学报 (哲学社会科学版)，1996(3):60–65.

[25] 王幼敏 . 日本人学汉语中的声调语调问题 [J]. 华东师范大学学报 (哲学社会科学版)，1998(2):95–96.

[26] 高美淑 . 汉语祈使句语调的实验研究 [D]. 北京：北京大学，1999.

[27] 沈炯 . 汉语音高载信模型 [M]// 石锋，潘悟云 . 中国语言学的新扩展——王士元先生 65 华诞庆祝文集 . 香港：香港城市大学出版社，1999.

[28] 高美淑 . 汉语祈使句语调的实验研究 [C]// 中国中文信息学会 . 新世纪的现代语音学——第五届全国现代语音学学术会议论文集 . 中国中文信息学会，2001.

[29] 王初明 . 正确认识外语学习过程是提高外语教学质量的关键 [J]. 外语与外语教学，2001(10):40–42.

[30] 吴洁敏，朱宏达 . 汉语奇偶句调型的组合模式 [J]. 中国社会科学，2001(3):154–163+207.

[31] 曹剑芬 . 汉语声调与语调的关系 [J]. 中国语文，2002(3)：195–202.

[32] 蒋丹宁，蔡莲红 . 汉语疑问语气的声学特征研究 [C]. 第六届全国现代语音学学术会议论文集 . 天津，2003:186–191.

[33] 林茂灿 . 汉语边界及其独立作用：兼论汉语与英语语调的共性与个性 [C]. 第六届全国现代语音学学术会议论文集 . 天津 2003:198–203.

[34] 王安红 . 普通话语音表层音高降势现象探究 [C]// 中国语言学会语音学分会，中国中文信息学会语音信息专业委员会，中国声学学会语言听觉和音乐分会 . 第六届全国现代语音学学术会议论文集 (上)，

2003.

[35] 王敏，孙凤波．对俄汉语语音语调教学的探索 [J].黑龙江教育学院学报，2003(5):59-60.

[36] 林茂灿．汉语语调与声调 [J]. 语言文字应用，2004(03): 57-67.

[37] 邱忠．日语学习者的 WH- 疑问句语调特征及其原因 [J]. 日语学习与研究，2004(2): 9-13.

[38] 阮吕娜．汉语疑问句语调研究 [D].北京：北京语言大学，2004.

[39] 涩谷周二．对日汉语句重音教学问题 [D].长春：吉林大学，2004.

[40] 宋艳儒．日语的声调语调以及逻辑语调 [J].辽宁工程技术大学学报 (社会科学版)，2004(3):319-321.

[41] 王安红，陈明，吕士楠．基于言语数据库的汉语音高下倾现象研究 [J].声学学报，2004(4):353-358.

[42] 李爱军．语调研究中心理和声学等价单位 [J]. 声学技术，2005(3):13-17.

[43] 陈翠珠．越南语语调对学习汉语语调的影响研究 [D].昆明：云南师范大学，2006.

[44] 何功星．日语发音中的常见难点分析 [J].内江科技，2006(5):61-62.

[45] 林茂灿．疑问和陈述语气与边界调 [J].中国语文，2006(4):364-376.

[46] 江海燕．汉语陈述、疑问基本语调的调位表现 [C]// 中国语言学会语音学分会，中国中文信息学会语音信息专业委员会，中国声学学会语言，听觉和音乐专业委员会．第七届中国语音学学术会议暨语

音学前沿问题国际论坛论文集，2006.

[47] 毛世桢．曾玉萍．沈倍蕾．普通话语调研究综述 [C]// 第二届全国普通话水平测试学术研讨会论文集 [C]. 北京：商务印书馆，2006:473-491.

[48] 陈虎．基于语音库的汉语感叹句与感叹语调研究 [J]. 汉语学习，2007(5)：45-55.

[49] 丛莉．汉语普通话口语语调实验研究 [D]. 上海：上海师范大学，2007.

[50] 郭爱涛．《儒林外史》疑问句研究 [D]. 南宁：广西大学，2007.

[51] 谯蓉．汉语单音节句语调比较研究 [D]. 北京：北京语言大学，2007.

[52] 伍艳红．汉语疑问语句的实验分析 [D]. 天津：天津师范大学，2007.

[53] 唐玉萍．对外汉语教学中的语调教学 [J]. 当代教育论坛（学科教育研究，2008(6):38-41.

[54] 吴宗济．吴宗济语言学论文集 [C]. 北京：商务印书馆，2008.

[55] 蔡全胜．中国人日语声调倾向新变化 [J]. 日语学习与研究，2009(6)：32-37.

[56] 陈茸，石媛媛．普通话疑问句语调的声学实验分析 [J]. 牡丹江教育学院学报，2009(4):29-31.

[57] 高涵．泰国学生汉语双音节句疑问语调实验分析 [J]. 云南师范大学学报（对外汉语教学与研究版），2009，7(6):78-84.

[58] 伦茜．泰国留学生汉语疑问句语调习得实验研究 [D]. 广西师范大学，2010.

[59] 江海燕．语速对语句内部音高变化的影响 [C]// 中国语言学会

语音学分会，中国声学学会语言，音乐和听觉专业委员会，中国中文信息学会语音信息专业委员会. 第九届中国语音学学术会议论文集，2010.

[60] 王萍，石锋. 汉语北京话疑问句语调的起伏度 [J]. 南开语言学刊，2010(2):14-22.

[61] 杨诎人. 高学历日语学习者的否定句语调实验研究 [J]. 解放军外国语学院学报，2010(5):72-76.

[62] 侯锐. 关于日语声调的调域 [J]. 外语研究，2011(3):38-42.

[63] 李红艳. 三语习得中日语语调习得的迁移分析 [J]. 安顺学院学报，2011, 13(5):66-68.

[64] 李晓朋. 普通话焦点疑问句的语调声学实验分析 [J]. 北方文学 (下半月)，2011(11):168.

[65] 刘佳琦. 日语平板式声调习得的实验性研究 [J]. 复旦外国语言文学论丛，2011(1):66-71.

[66] 刘佳琦. 日语学习者的动词テ形声调习得研究：在中间语言研究理论的框架下 [J]. 日语学习与研究，2011(2):107-112.

[67] 王娟. 疑问语气范畴与汉语疑问句的生成机制 [D]. 武汉：华中师范大学，2011.

[68] 王萍，石锋. 试论语调格局的研究方法 [J]. 当代外语研究，2011(5):10-17.

[69] 叶军. 节奏说略 [C]// 中国中文信息学会. 新世纪的现代语音学——第五届全国现代语音学学术会议论文集. 中国中文信息学会，2011(5).

[70] 林茂灿. 汉语语调和句子节奏：从赵元任语调学说的示意图谈起 [C]// 中国语言学会语音学分会. 第十届中国语音学学术会议 (PCC2012) 论文集. 中国语言学会语音学分会，2012.

[71] 刘艺. 汉语初学者陈述句语调的起伏度分析 [J]. 对外汉语研究，2012(00):15-25.

[72] 石林. 三省坡草苗的语言及其与侗语的关系 [J]. 民族语文，2012(4):57-61.

[73] 王萍，石林，石锋. 普通话语调基本模式中句调域、词调域的同构性 [J]. 语言科学，2013(5):548-560.

[74] 张丽莉. 日本初学者上声习得偏误分析及解决策略 [D]. 大连：辽宁师范大学，2014.

[75] 张金秋. 浅析二语习得理论对日语教学的影响 [J]. 佳木斯职业学院学报，2015(11):307.